Özge Köprücü

Wie qualifiziert sind Sozialpädagogen im Umgang mit sexuellem Kindesmissbrauch?

Möglichkeiten der Prävention und Intervention

Bibliografische Information der Deutschen Nationalbibliothek:

Die Deutsche Nationalbibliothek verzeichnet diese Publikation in der Deutschen Nationalbibliografie; detaillierte bibliografische Daten sind im Internet über http://dnb.d-nb.de abrufbar.

Impressum:

Copyright © Studylab 2020

Ein Imprint der GRIN Publishing GmbH, München

Druck und Bindung: Books on Demand GmbH, Norderstedt, Germany

Coverbild: GRIN Publishing GmbH | Freepik.com | Flaticon.com | ei8htz

Executive Summary

Das Ziel dieser Bachelorarbeit ist es, die Möglichkeiten von Prävention und Intervention bei sexuellem Missbrauch von Kindern und Jugendlichen durch Sozialpädagogen darzustellen und den aktuellen Forschungsstand zu erfassen. Außerdem sollen Möglichkeiten gezeigt werden, sexuellen Kindesmissbrauch effektiv zu erkennen. Des Weiteren wird der Umgang der Gesellschaft mit der Thematik untersucht und exemplarisch empirisch überprüft.

Dazu werden die folgenden Forschungsfragen gestellt:

Sind alle Arbeitenden im sozialen Bereich für die Arbeit mit missbrauchten Kindern und Jugendlichen qualifiziert? Sind Sozialpädagogen ausgebildet für die Intervention und Prävention? Sind die Anlaufstellen für die Pädagogen beim Verdacht von sexuellem Kindesmissbrauch präsent? Wie ist das Befinden der Betroffenen Sozialpädagogen beim Verdacht von sexuellem Kindesmissbrauch? Können die Pädagogen ein sexuell missbrauchtes Kind erkennen? Geht die Gesellschaft mit dem Thema „sexueller Kindesmissbrauch" offen um?

Um die Forschungsfragen beantworten zu können, sind Fragebögen als Forschungsmethode genutzt worden, die sich an die Sozialpädagogen oder andere Arbeitende im sozialen Bereich richteten. Die Probanden wurden in kleinen Teams eines Unternehmens (Caritas – Rostock) befragt. Die Ergebnisse zeigen, dass mehr als 69% der Probanden die Folgen eines Kindesmissbrauchs, also die Merkmale, erkennen. Des Weiteren schätzten sie den Umgang mit dem Thema in der Gesellschaft so ein, dass sexueller Missbrauch nach wie vor ein Tabuthema ist. Immerhin sehen das 77% der Befragten so. Aus den empirischen Befunden lässt sich die Schlussfolgerung ziehen, dass auf der fachlichen Ebene nach wie vor Qualifizierungsbedarf besteht und durch die Medien und den Schulunterricht ebenfalls Aufklärungsanteil geleistet werden muss.

Inhaltsverzeichnis

Executive Summary III

Abbildungsverzeichnis V

1 Einleitung 1

2 Sexueller Missbrauch 3

    2.1 Begriffserklärung und begriffliche Abgrenzung 3

    2.2 Formen sexueller Missbrauchshandlungen 4

3 Mögliche Auswirkungen des sexuellen Kindesmissbrauchs 8

    3.1 Folgen sexueller Gewalt 9

    3.2 Gesellschaftliche Reflexion 15

4 Möglichkeiten von Prävention und Intervention durch Sozialpädagogen 19

    4.1 Prävention in gesellschaftlichen Einrichtungen 19

    4.2 Interventionsmöglichkeiten 24

5 Fachliche Qualifikation als Voraussetzung einer gelungenen Prävention und Intervention – Eine aktuelle empirische Studie 33

    5.1 Forschungsdesign 33

    5.2 Befunde 36

    5.3 Auswertung und Interpretation 49

    5.4 Zusammenfassung 56

6 Fazit 58

Literaturverzeichnis 61

Anlagen 64

Abbildungsverzeichnis

Abbildung 1: Strafverfolgungsstatistik 2017 18

Abbildung 2: Themen in der Ausbildung 36

Abbildung 3: Fortbildungsmöglichkeiten 37

Abbildung 4: Wahrnehmung der Fortbildung 38

Abbildung 5: Eigene Erfahrungen 39

Abbildung 6: Praxiserfahrungen 40

Abbildung 7: Umgang mit Missbrauch 41

Abbildung 8: Abläufe 42

Abbildung 9: Kommunikation mit dem Opfer 43

Abbildung 10: Mediale Präsenz 46

Abbildung 11: Tabuisierung des Themas 47

Abbildung 12: Aufkommen des Themas im Alltag 48

Abbildung 13: Besprechung des Themas 49

1 Einleitung

„Das Unerträgliche ist, dass die Kinder, wenn sie sich aus dem Kokon von Schweigen und vermeintlicher Schuld heraus trauen, nicht auf offene Ohren stoßen. Sie suchen nach Hilfe – aber sie bekommen sie nicht." (Bergmann 2011).

In dieser Bachelorarbeit befasst sich der Autor[1] mit dem Thema „Sexueller Missbrauch von Kindern und die Möglichkeit von Prävention und Intervention durch Sozialpädagogen". Der Autor beginnt mit der Begriffserklärung und der begrifflichen Abgrenzung „sexueller Missbrauch" und thematisiert die Formen sexueller Misshandlungen. Des Weiteren führt der Autor die möglichen Auswirkungen des sexuellen Kindesmissbrauchs auf und stellt die Folgen sexueller Gewalt dar und geht auf die Reaktionen der Gesellschaft ein. Daran anschließend erfolgt die Auseinandersetzung mit den Möglichkeiten der Prävention und Intervention durch Sozialpädagogen.

Der empirische Teil dieser Bachelorarbeit basiert auf den Erkenntnissen einer selbständig durchgeführten Fragebogenerhebung, die bei der Caritas Rostock durchgeführt wurde. Es erfolgt schließlich die Interpretation der Forschungsbefunde und es wird ein Fazit aus den erzielten Erkenntnissen gewonnen.

Im empirischen Teil setzt sich der Autor mit den Schwerpunkten Intervention, Prävention und dem gesellschaftlichen Umgang mit diesem Thema auseinander.

Im Zusammenhang damit steht die Beantwortung folgender Forschungsfragen und die daraus aufgestellten Hypothesen:

Der Schwerpunkt Intervention durch Sozialpädagogen wird durch die Frage strukturiert, ob die Pädagogen ein sexuell missbrauchtes Kind erkennen können. Die dazugehörige Hypothese lautet, dass sie es eventuell erkennen können, sich aber dabei unsicher sind und diesem deshalb nicht nachgehen.

Der Themenbereich Prävention beschäftigt sich mit den Fragen, ob die Anlaufstellen für die Pädagogen beim Verdacht von sexuellem Kindesmissbrauch präsent sind, wie das Befinden der betroffenen Sozialpädagogen beim Verdacht von sexuellem Kindesmissbrauch ist. Der Autor geht davon aus, dass durch die Tabuisierung viele Pädagogen zu wenig Kenntnisse über die Prävention haben.

---

[1] Aus Gründen der besseren Lesbarkeit wird auf die gleichzeitige Verwendung männlicher und weiblicher Sprachformen verzichtet. Sämtliche Personenbezeichnungen gelten gleichwohl für beiderlei Geschlecht.

Unter dem Schwerpunkt Umgang der Gesellschaft mit sexuellem Kindesmissbrauch erforscht der Autor die Frage, ob die Gesellschaft mit dem Thema offen um geht.

Der Autor ist der hypothetischen Ansicht, dass der sexuelle Kindesmissbrauch in der Gesellschaft stark tabuisiert wird.

Aktuelle Vorkommnisse in der Bundesrepublik Deutschland machen deutlich, dass eine wissenschaftliche Untersuchung von Prävention und Intervention dringend erforderlich ist, um die Reaktionszeiten der zuständigen Behörden zu verringern und somit sexuellen Missbrauch von Kindern schnellstmöglich zu unterbrechen beziehungsweise besser gar nicht erst zu ermöglichen.

Eine wichtige Rolle spielt dabei auch der Umgang der Öffentlichkeit mit dieser Thematik. Hier sind Aufklärung, Offenheit und Sensibilität – vor allem im Umgang mit den Opfern – nötig.

Eine besondere Verantwortung tragen Menschen, die sich professionell mit Betreuung, Erziehung und Bildung von Heranwachsenden beschäftigen.

Diese Studie soll einen Beitrag dazu leisten, exemplarisch den erreichten Ist-Stand in puncto Wissen und Handlungsfähigkeit zu ergründen.

2 Sexueller Missbrauch

2.1 Begriffserklärung und begriffliche Abgrenzung

Es werden in der Literatur unterschiedliche Begriffe und Definitionen über den sexuellen Missbrauch verwendet, obwohl für die Diagnostik, Forschung, Behandlung und den öffentlichen Diskurs übereinstimmende und korrekte Definitionen notwendig sind (vgl. Bange, Körner &Lenz 2004: S. 29f.).

Die Bezeichnung „sexueller Missbrauch" wird hauptsächlich verwendet, dennoch gibt es weitere Begriffe für diesen Problembereich. Sexuelle Gewalt, sexuelle Ausbeutung, sexuelle Misshandlung, Inzest, Seelenmord, realer Inzest, sexualisierte Gewalt, sexueller Übergriff oder sexuelle Belästigung werden unter anderem für die Thematik verwendet (vgl. Bange, Körner &Lenz 2004: S. 30)

Es gibt bis zur heutigen Zeit in jeder Hinsicht keine akzeptierte Definition für den sexuellen Missbrauch von Kindern. Die bestehenden Definitionen lassen sich in unterschiedlichen Anordnungen kategorisieren. Zwischen „engen" und „weiten" Definitionen wird unterschieden. Bei der „weiten" Definition werden in der Regel auch sexuelle Handlungen ohne Körperkontakt wie Exhibitionismus zum sexuellen Missbrauch gezählt. Die „engen" Definitionen versuchen im Gegensatz nur die bereits identifizierten Misshandlungen bzw. nach einem sozialen Konsens normativ als solche beurteilten Übergriffe einzubeziehen (vgl. Wetzels 1997: S. 62).

Um eine allgemeine Definition zu entwickeln, werden zahlreiche mehr oder weniger strittige Kriterien verwendet. Wissenschaftler sind sich darüber einig, dass alle sexuellen Handlungen durch körperliche Gewalt oder Drohungen ein sexueller Missbrauch sind. Genauso gilt es als sexuelle Gewalt, wenn es zum sexuellen Kontakt mit Kindern kommt. Doch sagen Kinder in solchen Momenten meist, dass sie es selbst auch wollten. Durch dergleichen Aussagen von betroffenen Kindern, ist das eine Strategie, die Situation auszuhalten. Sie wissen um ihre Verletzlichkeit und Machlosigkeit gegenüber dem Täter, deshalb versuchen sie die für sie prekäre Lage umzudeuten (vgl. Herman 1994: S. 142).

Der Gedanke der Kinder kann sein, dass sie den Missbrauch damit verarbeiten, bearbeiten oder unterdrücken, was ihnen widerfahren ist.

Der Begriff „Inzest" ist durch das Inzesttabu arg emotional belastet. Zudem muss bedacht werden, dass viele Menschen damit automatisch Ekel und Perversität verbinden. Was sich wiederum auf das Opfer auswirkt und die Einstellung gegenüber dem Opfer beeinflusst. Das heißt, dass Opfer wird selbst zum Tabuthema. Mit dem

Tabu wird aber auch „automatisch" etwas Verbotenes, Spannendes und Aufregendes verbunden. Womit die Erlebniswelt vom Opfer beendet und eher das Erleben der Täter definiert wird. Die Verknüpfungen mit solchen Begriffen führt eine Stigmatisierung des Opfers herbei und begünstigt den Täter (vgl. Gahleitner 2000: S. 27).

Deshalb wird für diese Arbeit die Thematik „Inzest" kaum bis gar nicht benutzt! Inzest rückt im Bereich des sexuellen Missbrauchs juristisch und aus psychologischer Sicht in den Nachrang, weil der Missbrauch an sich Straftatbestand ist.

Grundsätzlich lassen sich grundlegende Merkmale sexuellen Missbrauchs an Kindern zeigen.

Gegenüber den Kindern werden immer die Autoritäts- bzw. Macht- oder Altersgefälle ausgenutzt. Das heißt unter anderem, der sexuelle Missbrauch ist fast nie zufällig oder plötzlich, sondern beabsichtigt und gewollt. Es ist ein langwieriger Prozess und passiert nicht einmalig und hat in jedem Fall Folgen für das Kind. Die betroffenen Kinder sind in allen Altersklassen. Aufgrund ihres emotionalen und kognitiven Entwicklungsstandes sind sie nicht in der Lage, einer sexuellen Handlung eines Erwachsenen zuzustimmen. Deshalb liegt immer die Verantwortung beim Erwachsenen. Sexualität wird in den meisten Fällen auf den Genitalien-Kontakt reduziert. Kinder sind ein Objekt für eine sexuelle Handlung von Erwachsenen. Sie hat einen Surrogatcharakter. Sexueller Missbrauch ist immer eine Überschreitung sozialer Regeln und an ein Geheimhaltungsgebot durch den Täter gebunden. Verurteilt wird dabei das Kind zur Sprachlosigkeit und zu anderen „Störungen" (vgl. Gahleitner 2000: S. 29).

2.2 Formen sexueller Missbrauchshandlungen

Die sexuellen Übergriffe beginnen schon mit heimlichen, vorsichtigen Berührungen, demütigenden Äußerungen und Blicken. Sie gehen bis zu oralen, vaginalen oder analen Vergewaltigungen und sexuellen Foltertechniken (vgl. Enders 2014: S. 29).

Eine weitere Form der sexuellen Übergriffe ist auch, wenn durch das sozialpädagogische oder medizinische Fachpersonal körperliche Begutachtungen in intimen Körperregionen durchgeführt werden, die nicht notwendig sind oder „Qualitätsurteile" über den Intimbereich ausgesprochen werden (vgl. Enders 2014: S. 29 f.).

In einigen Konstellationen, zum Beispiel in Familien, ist von außen nicht deutlich zu erkennen, ob die Grenze überschritten wurde oder nicht. In vertrautem Umfeld, wie in der Familie; lässt sich das nicht eindeutig bestimmen, ob eine Grenzverletzung vorliegt. In Familien; in denen es nicht befremdlich für die Kinder ist, die Mutter oder den Vater nackt zu sehen, wird noch nicht von einer sexuellen Belästigung geredet. Wenn die Mutter oder der Vater sich im Badezimmer während des kindlichen Badens aufhalten und das Kind die Mutter oder den Vater herausbittet und darauf nicht reagiert und der Wunsch des Kindes nicht akzeptiert wird, dann beginnt die Erniedrigung des Rechts auf sexuelle Selbstbestimmung des Kindes. Zur Einordnung der exhibitionistischen Handlungen gehört auch das aufmerksame Hinsehen, wenn das Kind sich auszieht oder der Vater/Bruder vermeintlich zufällig sein erregtes Glied zeigt (vgl. Enders 2014: S. 30).

Die Kinder sind auf die Erwachsenen in ihrer besonderen Entwicklungsphase angewiesen, um sie anregen, unterstützen, begleiten und ihre Bedürfnisse nach Schutz, Zärtlichkeit und Liebe zu erfüllen. Sie kommen nicht drum herum; den Erwachsenen zu vertrauen und sich darauf zu verlassen, dass Erwachsene ihren Aufgaben gerecht werden (vgl. Enders 2014: S. 29).

Die Kinder sind abhängig davon, dass die Erwachsenen das Vertrauen nicht missachten und es nicht ausnutzen. Es kann also immer davon ausgegangen werden, dass der Erwachsene oder ältere Jugendliche eine sexuelle Instrumentalisierung des Kindes auf jeden Fall verhindert und erst recht nicht für die eigene Befriedigung ausnutzt (vgl. Enders 2014: S. 29).

In den meisten Fällen wird davon ausgegangen, dass zwischen Täter und Opfer eine bestehende Beziehung vorhanden ist. Dadurch ist das Kind durch das Vertrauen und die Zuneigung vom Täter abhängig (vgl. Enders 2014: S. 29).

„Diese Beziehung bildet dann in der Regel die Ausgangsbasis für die durch den Täter (der Täterinnen) wissentlich und bewusst vorbereitete sexuelle Ausbeutung." (Enders 2014: S. 29).

Die sexuelle Belästigung kann durch das Überreden, Zwang und Erpressung geschehen, um an das Ziel zu kommen. Wobei der Täter das Kind oder den Jugendlichen zum Beispiel dazu zwingt, mit ihm zusammen einen Pornofilm anzuschauen und ihn dabei mit der Hand zu befriedigen. Während dessen fasst er ihr/ihm zum Beispiel an den Busen/Penis. Zu den Auswirkungen auf das Kind oder den Jugendlichen kann es gehören, dass sie Selbstmordversuche oder Selbstverletzungen durchführen. Gutachter sprechen davon, dass es zu den gängigsten Reaktionen von Kindern, die eine lange Zeit sexuell missbraucht wurden, gehört, dass diese keine eigene Selbstachtung mehr haben und jede positive Haltung gegenüber dem eigenen Körper verlieren (vgl. Heiliger 2000: S. 103).

Sexuelle Handlungen umfassen Berührungen mit direktem Körperkontakt, wie das Anfassen der Geschlechtsteile, der Leistengegend, des Anus und der Brüste (vgl. Jud 2015: S. 44).

Eine weitere Missbrauchsform ohne direkten Körperkontakt ist, wenn der Täter eigene sexuelle Handlungen vorführt, wie zum Beispiel masturbieren vor den Augen des Kindes oder Jugendlichen (vgl. Jud 2015: S. 44).

Eine weitere Form der sexuellen Misshandlung ist, dass der Täter das Opfer dazu bringt zu schweigen, indem sie den Kindern und Jugendlichen vermitteln, es sei ein Geheimnis zwischen ihnen. Sie bekommen vom Täter das Gefühl, sie seien ansonsten schuld daran, wenn die Beziehung zum anderen Partner dadurch beendet wird. Oft weisen die Täter auch darauf hin, dass ihre Opfer auch sexuell erregt waren und somit Spaß gehabt hätten. Hier spricht man vom Schweigegebot der Täter (vgl. Heiliger 2000: S. 104).

Des Weiteren werden den Kindern und Jugendlichen vom Täter Versprechungen gemacht, wobei die Kinder und Jugendlichen die Hoffnung haben, es sei dann das letzte Mal gewesen oder ihnen Geld angeboten wird (vgl. Heiliger 2000: S. 106).

Die Täter innerhalb der Familie geben den Kindern und Jugendlichen das Gefühl, sie seien mit verantwortlich und versuchen dann, ihnen ein schlechtes Gewissen zu bereiten. Dabei kann es bei den Opfern passieren, dass sie Mitleid mit dem Täter bekommen, wenn sie von ihm erfahren, dass er keinen sexuellen Kontakt mit der eigenen Partnerin hat und sich das Kind deshalb beugt. Die Opfer werden dann so manipuliert, dass der Täter ihm einredet, dass ein Bruch des Schweigegebots unweigerlich zur Trennung der Eltern führen werde. Damit würden sich die Opfer als verantwortlich für die Trennung sehen (vgl. Heiliger 2000: S. 108).

Deegener fasst den Weg zum sexuellen Missbrauch wie folgt zusammen:

> „Sexueller Mißbrauch entwickelt sich häufig von den weniger intimen Formen hin zu den intimen Formen des Körperkontaktes sowie eindeutiger sexueller Ausbeutung, zu denken ist z.B. an das nicht nur natürliche sich nackt gegenüber dem Kind zeigen, sondern das mehr exhibitionistische sich nackt zeigen; an die nicht nur natürliche väterliche Zärtlichkeit, sondern das Sexualität stimulierende Streicheln und Liebkosen; an das Zeigen von pornographischen Filmen oder Abbildungen; an genitale Berührungen; an die Masturbation im Beisein des Kindes; an die Aufforderung zur Manipulation am Glied; schließlich an das Eindringen in die Scheide des Kindes mit Finger, Penis oder Fremdkörper sowie an oral-genitalen Verkehr."
> (Deegener 2005: S. 24).

3 Mögliche Auswirkungen des sexuellen Kindesmissbrauchs

Das Erlebte der sexuellen Übergriffe löst bei den Betroffenen unangenehme Gefühle und Gedanken aus. Die meisten sexuell missbrauchten Kinder und Jugendlichen fühlen sich verraten, hilflos und sprachlos. Sie haben dem Menschen Vertrauen geschenkt und nach Geborgenheit und Liebe gesucht. Doch haben die Täter es schamlos ausgenutzt, um ihren eigenen sexuellen Bedürfnissen nachzukommen. Die Opfer haben Angst, dass die sexuellen Überfälle sich wiederholen und Angst vor den Schmerzen. Durch den sexuellen Missbrauch haben sie zusätzliche Angst über die Reaktionen der Umwelt und schämen sich dafür, was ihnen widerfahren ist.

Die Kinder und Jugendlichen fühlen sich automatisch mitschuldig, dass sie den Täter an sich so nah rangelassen haben. Zum Beispiel, dass sie den Täter umarmt haben oder mit zu ihm nach Hause gegangen sind. Die Täter nutzen diese Gefühle und Gedanken der Kinder und Jugendlichen aus, um verstärkt das Sprechen über den sexuellen Missbrauch zu verhindern. Solche Aussagen, wie zum Beispiel: „Du hast es doch selbst so gewollt, sonst wärst du doch nicht mitgekommen" oder „Es hat dir doch auch Spaß gemacht, sonst wärst du doch nicht so erregt gewesen", äußern dann die Täter. Durch solche Aussagen der Täter wird die eigene Wahrnehmung der Opfer manipuliert und demgegenüber werden ihre Schuldgefühle durch solche Äußerungen verstärkt. Dadurch sind die Kinder und Jugendlichen oft sprachlos und empfinden sich in der Situation machtlos.

Solche Ereignisse lösen bei den Opfern eine tiefe Trauer aus. Nach einem sexuellen Missbrauch werden auf diese Weise viele charakterliche Eigenschaften und Ansichten vernichtet. So zum Beispiel die Vorstellung von einer gerechten Welt, von Geborgenheit und Sicherheit. Das Vertrauen in sich selbst und andere geht verloren, ebenso die positive Beziehung zum eigenen Körper. Es entsteht auch das Misstrauen in eine positive Bindung (vgl. Bange 2011: S. 21).

Die Erlebnisse von sexuellen Übergriffen werden vom eigenen Entwicklungsstand und der Persönlichkeit des Opfers sowie durch die intensive Bindung zum Täter bestimmt. In allen Berichten missbrauchter Kinder und Jugendlicher wird vom Vertrauensverlust, von Sprachlosigkeit, Schuld- und Schamgefühlen, Ohnmacht, Angst und Zweifel gesprochen (vgl. Enders 2014: S. 129).

3.1 Folgen sexueller Gewalt

Für missbrauchte Kinder und Jugendliche ist es ein grundlegendes Erlebnis mit unmittelbaren und langfristigen Folgen für ihr Leben. Solche Ereignisse können sich auf ihre psychische Verfassung und ihr körperliches Wohlbefinden auswirken. Andere Auswirkungen sind Persönlichkeitsveränderungen und Verhaltensdefizite. Dies hat nicht zu bedeuten, dass die Opfer im späteren Leben zwangsläufig unglücklich oder „eingeschränkte" Erwachsene werden.

Die Untersuchung der Folgen des sexuellen Missbrauchs ist problematisch. Grundlegend ist es prekär, Dispositionen, Verhalten, Störungen und Erfahrungen der betroffenen Person auf bestimmte Motive in einen Zusammenhang zu bringen. Die Forschung zur Thematik ist grundlegend nur zurückblickend aus der Sicht der Betroffenen möglich, aber in einigen Fällen kann keine Schlussfolgerung zwischen dem Missbrauch und Auswirkungen gezogen werden. Was dazu führen kann, dass die Wahrnehmungen und Einschätzungen der missbrauchten Person durch die Verdrängung und Verleugnung entstellt werden (vgl. Brockhaus & Kolshorn 1993: S. 146).

Es ist notwendig, den Missbrauch an Kindern und Jugendlichen in Kindergarten, Schulen, Elternhaus, Vereinen, psychologischer und ärztlicher Praxis, Jugendhilfeeinrichtungen und Nachbarschaft zu verstehen und abzubrechen. Dafür ist es wichtig, die Folgen des sexuellen Missbrauchs zu kennen.

Mehrmals wurde davon berichtet, dass die Opfer bestimmte „Signale" ausstrahlen. Die Auswirkungen des Missbrauchs werden von Einschränkungen im Verhalten und Erleben, in Verstummung oder Zurückgezogenheit und Vertrauensverlust deutlich (vgl. Deegener 1998: S. 88).

Auf diese Gefahren soll im weiteren Unterpunkt tiefer eingegangen werden und mögliche Auswirkungen von sexuellem Kindesmissbrauch aufgelistet werden.

3.1.1 Vertrauensverlust und Sprachlosigkeit

Die Vertrautheit des Kindes wird durch die sexuellen Übergriffe in ihrer eigenen Umgebung sehr verletzt. Sie merken, wenn es zwischen ihnen und dem Täter keinen Austausch mehr gibt und dass unerwünschte und befremdliche Dinge geschehen. Viele Opfer denken später, dass sie schuld seien, nichts dagegen getan zu haben, aber doch gerät es in Vergessenheit, dass der Täter ihre Abwehr nicht akzeptierte und das tat, was ihm zugunsten kam. Die misshandelten Kinder und Jugendlichen konnten demnach auch nicht abwägen, ob das richtig ist, was geschah, schließlich haben die Opfer aus ihrer sozialen Umgebung erfahren, dass sie dem Menschen vertrauen können. Sie haben dann die Rücksichtslosigkeit des Täters gespürt und ein grundlegendes Misstrauen gegenüber sexuellen Aktivitäten aktiviert.

Häufig sind die Täter angesehene Personen in der Gesellschaft, dem keiner sexuelle Übergriffe zutraut. Die Kinder und Jugendlichen zeigen auf unterschiedlichen Wegen ihre Verachtung gegen die sexuellen Ausbeutungen.

Der Vertrauensverlust äußert sich auch darin, dass Opfer vollbekleidet schlafen oder von ihrem zu Hause weglaufen. Oft haben die Kinder und Jugendlichen keinen, der ihnen glaubt, was ihnen widerfahren ist.

Sie unterliegen mit dem Redeverbot einer schweren Belastung. Mehrere der Opfer haben meist keinen, dem sie sich anvertrauen können. In der Folge treten sie ihren Mitmenschen mit großem Misstrauen gegenüber.

Sexuell missbrauchte Kinder und Jugendliche entziehen sich ihrem sozialen Netzwerk und ziehen sich zurück. Denn wenn sie allein für sich sind, fühlen sie sich sicher, da sie erfahren haben, dass Zuneigung auch heißen kann, verletzt zu werden. Sie werden ruhig und wollen unsichtbar für die ganze Welt erscheinen. Durch den natürlichen Überlebensmechanismus missachten Opfer nicht nur ihre eigenen Gefühle, sondern auch die von den Menschen mit liebevollen Absichten.

Opfer bekommen schnell den Gedanken, dass nur ihnen das widerfahren ist und kommen aus dem Teufelskreis nicht raus, was mit ihnen nicht stimmt, gerade wenn die sexuellen Übergriffe in einem längeren Zeitraum passiert sind. Vor allem dann, wenn der Täter eine Person in der Gesellschaft ist, die sehr geachtet wird, bekommen die misshandelten Kinder und Jugendlichen das Gefühl der Machtlosigkeit und Wehrlosigkeit. Die Folge ist, dass sie kein Selbstvertrauen mehr haben (vgl. Enders 2014: S. 129 ff.).

Die Autorin Enders formuliert hierfür Folgendes:

> „Sexueller Missbrauch, durch dem Opfer nahe stehende Personen, erschüttert grundlegende Ordnungs- und Orientierungssysteme des Kindes: Was ist gut, was böse, was richtig oder falsch? Betroffenen Mädchen und Jungen ist es nicht möglich, das Erlebnis in ihre bisherigen Erfahrungen einzuordnen und mit Sinn zu versehen. Das Bild von sich als guter Mensch und der Welt als sicherer Ort wird bedroht oder zerstört. Die erlebte Hilflosigkeit (>> Jetzt ist alles aus...niemand hilft mir...ich kann mich nicht wehren...>>) führt zum Verlust von Selbstachtung und Selbstwert."
> (Enders 2014: S .132).

Zum Problem der Sprachlosigkeit von Opfern formuliert Enders das Folgende:

> „Mädchen und Jungen sind im wahrsten Sinne des Wortes sprachlos über die sexuelle Ausbeutung, denn oft beginnt diese früh, dass das Kind zunächst gar nicht nachvollzieren kann, was geschieht, und noch keine Sprache hat, um das Erleben sprachlich zu erfassen und mitzuteilen."
> (Enders 2014: S. 132 f).

Die sexuellen Übergriffe können auch im Erwachsenenalter nicht ausgesprochen werden, da eine Blockade im Sprachzentrum vorliegt, über das Erlebte zu reden. Ihnen fällt es schwer, sich an die Gewalttaten zu erinnern und gar darüber zu berichten. Sie schämen sich dafür; was ihnen widerfahren ist, mehr als die Opfer anderer Gewaltformen (vgl. Enders 2014: S. 133).

Die Sprachlosigkeit wird durch den Täter umso mehr gestärkt, wenn das Vergehen zum gemeinsamen Geheimnis wird und die Abhängigkeit und Loyalität der Opfer ausgebeutet wird. Die sexuell missbrauchten Kinder sind durch ihr ambivalentes Verhalten sehr hin und her gerissen, indem sie ihre Gefühlslage von „Angst haben" bis „nicht mehr benötigt werden" gegenüber dem Täter richtig zuordnen können. Dadurch sind die Täter für das „Geheim halten" abgesichert. Wenn die Gewalttaten innerfamiliär sind, ist das Schweigen der Kinder doppelt abgesichert. Denn keiner der Kinder möchte auf Mutter oder Vater verzichten. Oder wenn die älteren Geschwister die Täter sind, fällt den Opfern es genauso schwer mit einer dritten Person darüber zu sprechen. Denn die Realität würde auch den Eltern damit zeigen, dass der eigene Sohn oder die Tochter den sexuellen Missbrauch durchgeführt hat. Somit hätten die Eltern gegenüber dem Täter (Sohn/Tochter) einen Loyalitätskonflikt (vgl. Enders 2014: S. 133).

Bei sexuellem Missbrauch kann auch „nur" die psychische Gewalt angewendet worden sein, wobei keine körperliche Gewalt erkennbar ist. Meist werden die sexuell missbrauchten Kinder eingeschüchtert, dass sie keinem anderen Menschen vom sexuellen Übergriff erzählen.

Wenn die Täter in der Gesellschaft hoch angesehen sind, zum Beispiel Lehrer, haben die Opfer umso mehr Angst, in der gesamten Schule bloß gestellt zu werden oder schlechtere Schulnoten zu bekommen, wenn sie davon berichten würden.

Durch die Drohungen der Täter verhalten sich die sexuell missbrauchten Kinder unbewusst oder bewusst plötzlich anders. Oder versuchen im Spiel einen Hilferuf auszusprechen, wodurch ersichtlich werden soll, dass die Kinder sexuelle Gewalt erfahren haben. Doch werden ihre Hilferufe oft nicht wahrgenommen.

Wenn die Opfer vom sexuellen Missbrauch erzählen, müssen sie häufig zuerst mehrere erwachsene Personen ansprechen, damit ihnen zugehört wird und sie auch wahrgenommen werden, dass ihnen geglaubt wird, wenn sie sich schon überwinden von ihrem Erlebnis zu erzählen. Wenn der sexuelle Übergriff aus dem eigenen Familienkreis kommt, werden die Erzählungen von Opfern oft überhört oder sie werden als Lügner dargestellt.

> „Susi spielte im Kindergarten Vergewaltigungsszenen in der Puppenecke nach. Die Erzieherin bestrafte sie für ihr ‚brutales' Spiel. Heike, Schülerin der 8. Klasse, ließ im Unterricht immer wieder Pillenpackungen unter den Tisch fallen und erzählte, dass sie Angst vor ihrem Opa hatte. Ihre Lehrerin verstand sie nicht."
> (Enders 2014: S. 134).

Die Opfer haben verlernt, ihre Empfindungen und Bedenken zu kommunizieren. Also ist es nicht verwunderlich, dass die Kinder in eine Sprachlosigkeit fallen (vgl. Enders 2014: S. 133 ff).

3.1.2 Angst und Ohnmacht

Für misshandelte Kinder und Jugendliche spielt die Angst eine spezielle Rolle im Alltag, nicht nur direkt vor dem gewaltigen Täter, auch vor der Offenbarung ihres Geheimnisses. Ebenso besteht die Angst darin, mit Angehörigen brechen zu müssen und vor den Reaktionen der Umwelt, vor Schwangerschaften und vor dem Verlust von Zuneigung und Nähe. Bei Opfern schränkt und schwächt das die Überzeugung an die eigene Stärke und Resistenz. Auch im Erwachsenenalter spüren sie die Angst, die ihnen im Kindesalter widerfahren ist. Das heißt, es handelt sich um eine Angst, die sie auch im Verhalten geprägt hat.

Opfer bekommen das Gefühl von Panik, wenn sie Menschen begegnen, die dem Täter ähneln oder gleiche Charakterzüge haben. Große Ängste werden bei misshandelten Kindern und Jugendlichen von anderen Autoritätspersonen erneut freigesetzt. Ein Beispiel hierzu wäre, wenn der Täter ein Mann war und ein männlicher Lehrer unterrichtet, sich die Angst blitzartig auf den Lehrer überträgt. Folgen sind Lernverweigerung und daraus ableitend negative Schulnoten bzw. allgemeines Leistungsversagen.

Die negativen Erlebnisse wollen die Opfer nicht nochmals erleben. Dadurch wird automatisch ihr Lebensstil gesteuert und eingeschränkt. Das ist eine natürliche Maßnahme unseres Schutzmechanismus´. Die Angst wird sie häufig bis zum Erwachsenenalter verfolgen. Gerade das jahrelange Verdrängen und Unterdrücken von Gefühlen führt zu dieser langanhaltenden Wirkung. Es ist mühsam für die missbrauchten Kinder und Jugendlichen, diese Gefühle zu „verbannen". Denn noch sind und werden die Erlebnisse und Erinnerungen eine tickende Zeitbombe sein (vgl. Enders 2014: S. 145 ff.).

Durch die Autorität der Täter gibt es ein Machtgefälle zum Opfer. Dadurch werden die sexuell missbrauchten Kinder emotional gebunden. Die Kinder fallen in Ohnmacht, sofern die Täter ihnen jegliches Recht entziehen auf ihre eigene Selbstbestimmung. Durch den Widerstand der Kinder, indem sie Weinen, Schreien und den Täter bitten, dies nicht zu tun, werden sie überhört und ihre kindlichen Widerstandsformen werden verachtet. Dadurch bekommen sie das Gefühl der Ohnmacht (vgl. Enders 2014: S. 142).

3.1.3 Schamgefühle und Schuldgefühle

Die sexuell missbrauchten Kinder und Jugendlichen werden häufig bloßgestellt und ihre Schamgrenze wird dabei überschritten. Sie schämen sich dafür, was ihnen widerfahren ist und zugleich der eigenen Familie und dem Täter (vgl. Enders 2014: S. 140).

Die Opfer schämen sich dafür, dass sie während des Missbrauchs erregt waren, obwohl sie sich gewehrt haben. Hinsichtlich der Schamgefühle der Kinder und Jugendlichen fällt es ihnen noch schwerer darüber zu sprechen, da sie sich selbst verachten und sich nur noch so betrachten, was der Täter aus ihnen gemacht hat. Sie sehen sich als benutzt, beschmutzt, missbraucht und vergewaltigt. Das hat zur Folge, dass sie meinen, wenn sie sich einer Person anvertrauen, von dieser automatisch anders gemustert und anders behandelt zu werden. Sie haben Angst, von der Gesellschaft isoliert zu werden und unterwerfen sich dem Schweigegebot (vgl. Enders 2014: S. 141 f.).

Meistens besteht vor dem sexuellen Missbrauch eine Vertrautheit, Angewiesenheit und durch die Zuneigung eine Bindung zum Täter. So legen sich die Täter eine Grundlage für den geplanten Machtmissbrauch. Zunächst bekommt das Opfer eine besondere Rolle mit viel Beachtung und Zuneigung. Besonders sind Kinder und Jugendliche gefährdet, wenn sie dies nicht gewohnt sind und die Zuwendung und Aufmerksamkeit dann in vollen Zügen genießen. Durch den schleichenden Prozess von der zärtlichen Zuneigung zu den sexuellen Übergriffen, haben die Opfer Angst, dass, wenn sie sich zu Wehr setzen, die sehnsüchtige Zuwendung nicht mehr bekommen zu können. Da die Kinder nicht merken, dass sie von den Tätern manipuliert wurden und dadurch Schuldgefühle bekommen, dass sie aktiv ein Teil dessen waren, gerieten sie in die Falle des Täters und können immer mehr ausgebeutet werden. Es ist natürlich, wenn die Kinder die negativen Ereignisse so aufnehmen, als wären sie schuld daran. Daher befinden sich die sexuell missbrauchten Kinder immer in einer schuldigen Position. Die übliche Aussage von Tätern ist: „Du hast es ja selbst gewollt, es hat dir Spaß gemacht."

Umso länger eine sexuelle Belästigung geht, desto mehr fühlen sich Opfer mitschuldig. Dadurch, dass sie „nichts" sagen wird es für sie immer bedeutsamer, dass sie sich das gefallen lassen haben. In solchen Situationen werden die Schulgefühle größer, wenn das Opfer zum Beispiel eine Erektion während der Misshandlung bekam oder andere Lustgefühle zeigte.

Während eines Missbrauchs ist es für die Opfer akzeptierbarer, wenn sie selbst die Verantwortung übernehmen, etwas „Verbotenes" gemacht zu haben, anstatt ihre Machtlosigkeit gegenüber dem Täter zu empfinden. Sie entwickeln ihre eigene Strategie mit solchen Gedankenzügen, als hätten sie sich auch wehren können. Keineswegs ist das eine Begründung für die Schuldgefühle misshandelter Kinder. Sie sind eher Introjektion der Schuldgefühle von Erwachsenen. Die wirkliche tragende Schuld der Täter wird automatisch auf das Opfer zurückgewiesen, dass unschuldig ist (vgl. Enders 2014: S. 135 f.).

Die Täter manipulieren weitgehend die missbrauchten Opfer soweit, dass diese denken, selbst den Anlass zu den sexuellen Übergriffen gegeben zu haben. Verstärkt wird das durch die Schuldzuweisungen von den Tätern, die die Ereignisse verdrehen. Die Täter drohen damit, dass die Kinder oder Jugendlichen selbst ins Gefängnis müssen und bauen immer mehr Lügen darauf auf, bis dahin, dass die Opfer verwirrt sind und den Tätern glauben. Umso mehr das Opfer sich für die Situation schuldhaft fühlt, desto unwahrscheinlicher ist es, dass eine dritte Person davon erfahren wird (vgl. Enders 2014: S. 136 f.). Wenn der Täter ein Familienmitglied ist, zum Beispiel der ältere Bruder oder Vater und das Opfer die kleine Schwester beziehungsweise die Tochter, ist es wahrscheinlicher, dass dem vergewaltigten Mädchen die Schuld zugesprochen wird, denn es habe sich entsprechend sexuell aufreizend verhalten. Bruder oder Vater hätten gar nicht anders handeln können. Das Mädchen wird dann in der Familie stigmatisiert und fühlt sich ausgestoßen bzw. nicht beachtet. Es bekommt also Schuldgefühle, dass sie die Familie zerstört hat und möglicherweise den Täter ins Gefängnis bringt. Diese Verurteilung durch die Umwelt steigert sich umso mehr die Schuldgefühle des sexuellen missbrauchten Mädchens wachsen (vgl. Enders 2014: S. 139 f.).

3.2 Gesellschaftliche Reflexion

Die elektronischen und Printmedien sind zentraler Bestandteil des gesellschaftlichen Umgangs mit dem sexuellen Missbrauch. Deswegen ist es von zentraler Bedeutung, exemplarisch zu zeigen, wie Medien diese Thematik reflektieren.

Im Jahr 2010 wurde viel über den sexuellen Missbrauch an der Odenwaldschule berichtet. Das war einer der größten Missbrauchsskandale in Deutschland und zu dem Zeitpunkt das hochangesagte Thema, wobei viel diskutiert wurde und bis zu dem Zeitpunkt rund 130 Missbrauchsopfer bekannt geworden waren (vgl. Tagesspiegel o.J.).

Aktuell werden rund 500 bis 900 Opfer geschätzt, die in der Odenwaldschule sexuell missbraucht wurden. Dies zeigen zwei neue Studien. Fakt ist, dass die Dunkelziffer deutlich höher liegt.

Zeitgleich gab es eine Missbrauchskonferenz in Rom, die weltweit die sexuelle und seelische Gewalt an Kindern in katholischen Einrichtungen diskutierte. Eine Verbindung zwischen katholischer Kirche und Odenwaldschule ist immer noch vorhanden.

Bei den Katholiken zeigt sich, dass sie für Veränderungen nicht aufgeschlossen sind und keine Bereitschaft für Veränderungen zeigen. Die Gesellschaft fordert von ihnen, die Sexualmoral zu modernisieren und sich endlich der Realität zu stellen. Doch ist die Frage – Warum sollten sie dies tun? Dadurch würden sie ihre Macht sowie Geld aufgeben (vgl. TAZ 2019).

Schon immer war das Thema „Sexueller Missbrauch" geschichtlich gesehen ein Tabuthema. Auch in der DDR. Die Grenzüberschreitungen von Erwachsenen gegenüber den Kindern passten nicht in das Bild des sozialistischen Staates. Dadurch schweigen die Opfer häufig bis heute und die Täter kamen schon damals davon.

In den 1960er Jahren war die „schwarze Pädagogik" immer noch in der DDR präsent, wobei sie den Raum für sexuelle Übergriffe gab. Da es nicht akzeptiert wurde, dass es sexuelle Übergriffe gab, wurden dementsprechend selten Täter bestraft. Eine Studie über diese Zeit, auf die der Sender Deutschlandfunk verweist, zeigt, dass es den Missbrauch offiziell nie gab.

„Diese Tabuisierung, die ist so stark, dass zum Beispiel Kindesmisshandlung, Kindesmissbrauch in der Statistik überhaupt nicht auftaucht. Damit auch nicht existent ist." Mit diesen Worten wird Prof. Cornelia Wustmann vom Sender zitiert.

Der zweite Teil der Studie zeigt, dass der Missbrauch innerfamiliär ebenso tabuisiert und durch den Staat befördert wurde. Wer keinem gesellschaftlich anerkannten Familienbild nach außen entsprach galt in der DDR als gefährlich. Deshalb wurde den Kindern immer gesagt, was zu Hause passiert, bleibt zu Hause, denn die Konsequenz wäre sonst Heimeinweisung gewesen. Viele Mädchen und Jungen waren sich dessen bewusst, was für Gefahren ihnen dann dort drohen würden.

Die Autoren der Studie denken, dass die innerfamiliäre Gewalt bis heute noch sehr nachwirkt und immer noch zum Tabuthema gemacht wird (vgl. Deutschlandfunk 2018).

Das Tabu – Thema Kindesmissbrauch führt zu einer großen gesellschaftlichen Debatte. Viele Gesetze änderten sich und wurden zunehmend verschärft. Die Gesellschaft wird angehalten, aufmerksamer gegenüber denen zu werden, die mit Kindern in Kontakt sind. Die Zeitschrift „EMMA" veröffentlicht erstmals in den 1970er Jahren die Geschichte von Petra, die Zuflucht in einem Frauenhaus suchte, die sexuelle Übergriff erfahren hatte. Unter dem Motto „Mädchen, wie ihr euch wehren könnt!" einen Aufruf startete – Opfern helfen zu wollen. Doch das Resultat zeigte, dass sich keiner meldete. Der sexuelle Missbrauch war also damals ein komplettes Tabuthema.

In den 1980er Jahren wollten einige Parteien in der Sexualstrafrechtsreform den Pädophilen-Paragraphen ganz streichen. Dies hätte bedeutet, dass der sexuelle Verkehr mit unter 14-jährigen Kindern legal geworden wäre. Die Entscheidung der SPD-Regierung zur Streichung des Paragraphen wurde von vielen Parteien unterstützt, wie zum Beispiel von der FDP sowie von den Grünen.

Das Revoltieren durch die Zeitschrift „EMMA" in dieser Zeit war die einzige Stimme, die sich dagegenstellte und mit dazu beigetragen hat, mit Erfolg den Paragraphen 176 zu erhalten.

Im Jahr 2010 kam es zu einem Aufschwung des Bekanntwerdens der Missbrauchsfälle durch Priester in katholischen Jungen- und Vorzeigeschulen. Nun redeten auch die Opfer, wodurch das Thema in Deutschland nochmal in ein ganz anderes Licht gerückt wurde (vgl. EMMA 2010).

Fakt ist, dass sexuelle Gewalt an Kindern ein Tabuthema ist und Teile der Gesellschaft aus unterschiedlichen Gründen darüber hinwegsehen. Es kann sich dabei um persönliche oder ideologische, also Glaubensgründe, handeln. Die enge Bindung zur Institution Kirche, Mitgliedschaft oder ehrenamtliches Engagement können ebenfalls Gründe für Verdrängungsmechanismen sein.

Es wird aber auch nicht anerkannt, dass Mütter, Tanten, Nachbarinnen, Babysitterinnen oder Kindergärtnerinnen Täterinnen sind. Oft werden die Frauen gar nicht verdächtigt, weil sie das Bild der treusorgenden Mutter vertreten. Doch zeigen Studien, dass bis zu 20 Prozent Frauen zum Täter werden. Das Ausmaß ist viel größer als es bis jetzt angenommen wurde und die Erkenntnis zeigt, dass Frauen oft weniger angezeigt werden als Männer (vgl. E110 Das Sicherheitsprotal o.J.).

Auch die Psychologin Julia von Weiler vom Kinderschutzverein Innocence in Danger sagt im Interview, dass erheblich mehr Männer im Mittelpunkt der Verdächtigungen stehen als Frauen. Es gibt also viel mehr Frauen als Täterinnen als die Öffentlichkeit sich vorstellen kann. Durch das Tabuisieren werden die Opfer entkräftet, sich dagegen zu wehren und die Täterinnen werden dadurch umso mehr gestärkt.

Der erste Schritt ist, dass die Menschen akzeptieren müssen, dass es sexuelle Übergriffe gibt und das ganz selbstverständlich über das Thema gesprochen wird, um den Opfern von sexueller Gewalt das Gefühl geben zu können, dass sie sich mitteilen dürfen und können. Wenn Mädchen und Jungen das Gefühl bekommen, dass sie über ihre Erlebnisse sprechen dürfen, werden sie nicht mehr das Gefühl haben, dass ihnen keiner glauben wird.

Weil Präventionsworkshops oder Aufklärungsworkshops sexuellen Missbrauch häufig zum Thema machen, wird sich möglicherweise eine Art von Selbstverständnis ergeben und sich die Möglichkeit eröffnen, dass sich Opfer anderen Menschen anvertrauen, stellte der Deutschlandfunk 2019 in einer Sendung fest. (vgl. Deutschlandfunk 2019).

In der Gesellschaft wird sich oft bis gar nicht mit unangenehmen Themen auseinandergesetzt, weil es den Menschen unangenehm erscheint. Die Aussagen von Vertretern der Schulen, Menschen aus „guten Gegenden" und „höheren" Gesellschaftsschichten haben sich so etabliert, dass ein Kindesmissbrauch bei ihnen nicht passiert, und im Falle einer Tat eben todgeschwiegen wird. Jedoch ist es nirgendwo auszuschließen, dass sexuelle Übergriffe geschehen. Das heißt, es ist in keinem Fall nur ein Problem der „Unterschicht" (vgl. Welt 2018).

Mögliche Auswirkungen des sexuellen Kindesmissbrauchs

Die Strafverfolgungsstatistik von 2017 dokumentiert die Anzahl der Personen, die wegen sexuellen Missbrauchs oder Nötigung bzw. Vergewaltigung in Untersuchungshaft sitzen. Weniger schwere Fälle sind nicht dokumentiert.

In der Strafverfolgungsstatistik erfasste Personen mit Untersuchungshaft 2017			
Art der Straftat	Personen mit Untersuchungshaft		
	insgesamt	Männer	Frauen
Straftaten insgesamt	29 548	27 556	1 992
Straftaten gegen Staat, öffentliche Ordnung und im Amt¹	558	517	41
Straftaten gegen die Person²	5281	5 032	249
darunter			
Verletzung der Unterhaltspflicht	5	5	-
Sexueller Missbrauch von Kindern	394	388	6
Sexueller Übergriff/sexuelle Nötigung/Vergewaltigung	564	564	-

1: Ohne Straftaten im Straßenverkehr.
2: Einschließlich Versuchter Mord und Totschlag.

Abbildung 1: Strafverfolgungsstatistik 2017
(Statistisches Bundesamt 2017)

4 Möglichkeiten von Prävention und Intervention durch Sozialpädagogen

4.1 Prävention in gesellschaftlichen Einrichtungen

Zum aktuellen Stand zur Prävention von sexuellem Kindesmissbrauch muss festgestellt werden, dass sowohl von privater als auch von professioneller Seite zu wenig wissenschaftsbasiert gearbeitet wird. Es ist noch immer so, dass den Kindern Tipps gegeben werden, die diese eher verunsichern. Äußerungen wie „Zieh dich nicht so aufreizend an!" oder „Bleib schön in der Nähe." verängstigen die Heranwachsenden eher als das sie das Selbstbewusstsein steigern.

Solche unbedarften Hinweise machen Kinder eher von Erwachsenen abhängig und schützen kaum vor Missbrauch. Umso wichtiger ist es in der Prävention, die Fähigkeiten und das Selbstvertrauen der Kinder zu stärken.

Dadurch können die Kinder in brenzlichen Situationen dementsprechend entgegenwirken. Solche Impulse können im alltäglichen Leben durchgeführt werden und den Kindern „unbewusst" vermittelt werden. Erwachsene sollten auch nicht zuvorkommend sein und den Kindern bei schwierigen Situationen nicht gleich helfen oder eingreifen.

Zum Beispiel, wenn ein Kleinkind einen schweren Stuhl herunterstellt, erfährt das Kind einen Erfolg, etwas geschafft zu haben oder dass es beim ersten Mal nicht gleich klappen muss. Durch unterstützende Worte wie: „Das hast du super gemacht" stärkt der Erwachsene das Selbstvertrauen der Kinder. So begreifen sie, was sie alles schaffen können und welche Kraft sie entwickeln können. Dafür müssen die Stärken der Kinder aufgebaut werden, ihre Unabhängigkeit unterstützt werden, um ihre Beweglichkeit auszuweiten und dadurch ihre Freiheit zu erweitern (vgl. Besten 1991: S. 80f.).

Welche präventiven Angebote sind nun im Vor- und Grundschulbereich möglich?

Der Erfolg der Prävention ist auch dann gegeben, wenn die Zusammenarbeit mit den Eltern erfolgt. Deshalb ist es wichtig, z.B. zuerst einen Informationsabend für Eltern zu veranlassen, der zum Beispiel den Titel „Sicherheit und Selbstvertrauen" trägt. Zudem wäre es auch sinnvoll einen Experten zur Thematik an die Seite zu holen. So können die Schwellenängste beseitigt werden und man weist darauf hin, dass auch das Fachpersonal seine fachlichen und persönlichen Grenzen kennt.

Durch die Unterstützung von externen Fachpersonal ist auch der Einstieg in die professionelle Netzwerkarbeit gegeben (vgl. Körner & Lenz 2004: S. 451).

Die Präventionsinhalte sind in verschiedene Ebenen eingeteilt. Die erste Ebene ist der Umgang mit seinen eigenen Gefühlen. Die Kinder erleben ihre Gefühle sehr unterschiedlich und merken durch ihre Neugierde und Abenteuerlust das Bedürfnis nach Anerkennung. Die Schlussfolgerung ist, dass sie eine Selbstfindung zu ihren Gefühlen erleben, aber auch gegenüber anderen. Wenn Kinder frühzeitig lernen, ihre Bedürfnisse wahrzunehmen, zu äußern und bezeichnen zu können, entwickeln sie eine Fähigkeit, ihre Gefühle zu erörtern. Sofern sie auf ihre eigene Wahrnehmung sensibilisiert sind, können sie frühzeitig bemerken, wann ihnen eine Situation unangenehm erscheint (vgl. Körner & Lenz 2004: S. 452 f.).

Die nächste Etappe wäre der Umgang mit den Grenzen. Kinder erfahren oft, dass die Familienangehörigen eine extra Rolle einnehmen und ihre Zuneigung zu ihnen auf ihre Art und Weise äußern. Dabei achten wenige Erwachsene auf die Reaktionen der Kinder. Dafür benötigen die Kinder Vorbilder, die definierte Grenzen setzen und auch mit Kindern Auseinandersetzungen führen. Die Schlussfolgerung daraus ist, dass beide Parteien an ihre Grenzen gelangen. Für die alltägliche Prävention im Kindergarten und Grundschule sollten einige Fragestellungen zum Thema gemacht werden. Wie zum Beispiel „Welche Regeln und Grenzen gibt es untereinander beim Spielen" oder „Wie sicher sind die Aufenthaltsräume oder Toiletten?" Die Kommunikation zwischen Kindern und Erwachsenen ist so wichtig, dass sie sich immer in Aufklärungsgesprächen befinden. Das Aufgreifen von „Doktorspielen" unter den Kindern und gemeinsam zu besprechen, welche Regeln und Grenzen es diesbezüglich gibt ist deshalb wichtig. So hat der Erwachsene einen positiven Einfluss auf die psychosexuelle Entwicklung der Kinder (vgl. Körner & Lenz 2004: S. 453 f.).

Jüngeren Kindern fällt es schwer, Geheimnisse für sich zu behalten, aber manchmal gelingt es ihnen mit Anstrengung doch, gute Geheimnisse für sich zu bewahren. Stehen sie unter Druck, das Geheimnis nicht weiter zu erzählen, äußert sich das in ihrem Körper. Oft bekommen sie Bauchschmerzen oder schlafen schlecht. Deshalb müssen Pädagogen den Kindern einen Anlass geben, positive Geheimnisse zu haben und vertrauenswürdige Orte, wo sie über diese berichten können, wie zum Beispiel in selbstgebauten Höhlen. Fördernd ist, wenn die Kinder angehalten werden, bedrückende Geheimnisse weiterzuerzählen, wenn sie sich nicht gut fühlen oder sie sich Unterstützung holen wollen. Pädagogen müssen klären, dass das nichts mit „Verrat" zu tun hat (vgl. Körner & Lenz 2004: S. 454).

Kinder müssen lernen, sich Hilfe einzuholen. Sie müssen grundsätzlich die eigenen Fähigkeiten stärken und sich selbst helfen. Das ist ein wichtiger Bestandteil der präventiven Arbeit. Sie müssen auch bestärkt werden, sich Hilfe zu holen und sich helfen zu lassen. Kinder leben in bestimmten Stress- und Angstsituationen oft mit der Befürchtung, dass ihnen nicht geglaubt wird. Deshalb ist es umso wichtiger, dass Kinder in Alltagssituationen beständig Zuspruch erfahren, dass das was sie erlebten, nicht angezweifelt wird. Die Förderungen von Beziehungen unter den Kindern ist mitunter ein wichtiger Fokus der präventiven Arbeit, dass Kinder aus ihrer Einsamkeit herauskommen (vgl. Körner & Lenz 2004: S. 454 f.).

Mädchen und Jungen treten selbstbewusster bei Gefahren auf, wenn sie sich wohl in ihrem Körper fühlen. Sie können bestimmter gegenüber Tätern auftreten und ihren Körper verteidigen. Mit dem Hintergrundwissen „Mein Körper gehört mir" fällt es den Kindern leichter, ihre Grenzen zu zeigen, wenn sie sich ihrer Rechte bewusst sind. Wenn Kinder über ihre eigene Sexualität sprechen können und ein allgemeines Wissen über ihren Körper verfügen, festigt das ihr Selbstbewusstsein.

Kinder benötigen positive Vorbilder von Erwachsenen, die selbst mit Achtung mit ihrem Körper umgehen. Mit dem behutsamen und ehrlichen Umgang mit der eigenen Sexualität und den klar definierten Grenzen des Intimbereichs wird den Kindern schon oft unbewusst geholfen ihre eigenen Grenzen zu entwickeln und sie lernen selbst, wer und wie und wann man meinen Körper nah kommen darf. Zwischen den Kindern und Erwachsen wird die jeweilige Sexualität unterschieden. Deshalb tragen Erwachsene die Verantwortung, die kindliche Sexualität zu schützen. Die Erwachsenen müssen den Kindern das Wissen über ihren Körper, die eigenen Körperrechte, die Sexualität und Rollenbilder zu verstehen geben (vgl. Körner & Lenz 2004: S. 455).

Prävention kann in unterschiedlichen Formen betrieben werden. Zu einem kann es im alltäglichen Leben vermittelt oder gezielt durchgeführt werden. Es kommt ganz darauf an, ob Kinder Angst bei der präventiven Arbeit bekommen oder nicht. Die Präventionsarbeit kann unterschiedliche Schwerpunkte nutzen. Entweder wird den Kindern erzählt, was es alles an Bedrohungen und Gefahren gibt oder es werden die eigenen Rechte, Stärken und Fähigkeiten im Vordergrund stehen. Bedacht werden sollte auch, dass Kinder die Gefahr nicht deutlich erkennen und sich deshalb schnell machtlos fühlen oder eine schrittweise Machtlosigkeit entwickeln (vgl. Besten 1991: S. 81).

Es gibt diverse Handlungsmöglichkeiten gegen den sexuellen Kindesmissbrauch. Die Autorin Bertschi beschreibt die ersten Schritte wie folgt, dass zu allererst zu akzeptieren ist, dass sexuelle Übergriffe im alltäglichen Leben geschehen und keine gesellschaftlichen Gruppierungen davon ausgeschlossen sind.

Wichtig ist, sich selbst zu überprüfen, ob die eigene Ansicht diesbezüglich mit der Realität übereinstimmt. Die Grundvoraussetzung für eine Prävention ist es, dass man selbst Missbrauch zum Thema macht und ihn verurteilt. Durch solche Einstellung wird bewirkt, dass bei sexuell missbrauchten Kindern Mut entsteht, über die Erlebnisse zu reden (vgl. Bertschi 2002: S. 17).

Primärprävention bedeutet, dass es eine Vorbeugung vor Gefahren ist. Deshalb muss sie in vielen Institutionen durchgesetzt werden, besonders in Schulen sowie auch in anderen gesellschaftlichen Räumen. Das Ziel soll dabei sein, dass eine Verringerung der Risikofaktoren erfolgt (vgl. Damrow 2006: S. 60).

Zur Prävention zählen die primäre Opferprävention sowie die primäre Täterprävention.

Viele Täter suchen sich bewusst Opfer aus, die Defizite im Selbstbewusstsein und Widerstandskraft aufweisen. Deshalb muss das Fachpersonal ihr Augenmerk auf die Stärkung des Selbstbewusstseins und der Widerstandskraft von Kindern legen. Die Opferprävention will bei den Kindern erreichen, dass sie in der potenziellen Gefahrenzone der Täter dies erkennen, um Widerstand leisten zu können. Kinder fallen trotz alledem schnell in das Machtgefälle zu den Erwachsenen. Deshalb sollte es ein Ziel sein, die Stärkung der eigenen Rechte und die Achtung davor durchsetzen zu können. Das Selbstwertgefühl der Kinder ist eine Grundvoraussetzung für die Fähigkeit, seine eigenen Grenzen deutlich aufzuzeigen (vgl. Heiliger 2000: S. 177 f.).

Ein Grundsatz der primären Opferprävention ist, dass den Kindern vor allem vermittelt wird, dass der eigene Körper einem selbst gehört, seinem eigenen Gefühl zu vertrauen und den Unterschied zwischen schönen und unangenehmen Berührungen deuten zu können. Dass jedes Kind das Recht hat „Nein" zu sagen und schlechte Geheimnisse weitererzählt werden dürfen. Des Weiteren muss ihnen gelehrt werden, dass sie sich Hilfe holen dürfen und sie niemals für das Schuld tragen, was Erwachsene verursachen (vgl. Heiliger 2000: S. 178).

> „Wenn es für Männer kulturell akzeptiert ist, andere als Objekt für sexuelle Entladung, Bestätigung und Machtneigung zu nutzen, z.B. in der Prostitution, der Pornografie, in Peep-shows und ähnlichen Arrangements, dann muß diese Kultur grundlegend revidiert werden. Es muß für Jungen im Prozeß der Aneignung ihrer Sexualität Lernziel werden, daß der Körper eines Mädchens, einer Frau, jeder anderen Person generell nicht als Objekt benutzt werden darf und Empathiefähigkeit entwickelt werden muß."
> (Heiliger 2000: S. 174).

Das Fachpersonal muss so gut ausgebildet sein, dass es präventiv arbeiten kann und dafür sind dringend die Qualifizierungen nötig, um dann eine Vorbeugung gegen die Entstehung einer Opfer-Täterkarriere zu leisten. Deshalb ist es für die Sozialpädagogen notwendig, die im Alltag deutlich werdende sexualisierte Machtneigung der Männer zu unterbinden und das alltägliche negative Verhalten gegenüber Frauen und Mädchen zu verhindern. Sozialpädagogen müssen durch positives Auftreten diesbezüglich als Vorbild wirken. Klienten lernen auf diese Weise am Modell und können ihre eigenen Handlungsweisen kritisch überprüfen.

Studien zeigen, dass Jungen und Männer mit den Ausdrücken „Schlampe", „Hure" sich dessen nicht dessen bewusst waren, dass dies sexistische Beleidigungen sind. Deshalb ist es in der Arbeit wichtig, besonders die Jungen über ihre Bewertungen und über das Frauenbild aufzuklären. Sie benötigen die Unterstützung, um die „traditionellen" Männlichkeitsvorstellungen abzubauen und eher ein positives Vorbild zu erleben. Die Jungen, die ein positives Geschlechterbild vertreten, müssen darin gestärkt und unterstützt werden. Sodass sie ihre Mitmenschen, die das Bild noch nicht vertreten, davon überzeugen können. Dadurch wird die Selbstkontrolle gefördert und die triebgesteuerte Sexualität geht verloren (vgl. Heiliger 2000: S. 176 f.).

Bei der sekundären Opferprävention handelt sich es um die Aufklärung der Opfer über die sexuellen Misshandlungen. Darunter wird angeboten, für die Selbstverteidigung Techniken zu erlernen und persönliche Strategien für die eigene Sicherheit zu entwickeln (vgl. Damrow 2006: S. 61).

Des Weiteren geht es in der sekundären Opferprävention darum, mit dazu beizutragen bei verübten sexuellen Übergriffen an Kindern zu helfen. Vielen Opfern ist schon viel geholfen, wenn der sexuelle Übergriff aufgedeckt wird und darüber gesprochen werden kann. Das dann auch die Täter zu Verantwortung gezogen werden, entlastet die Opfer. Sie bekommen das Gefühl, dass sie keine Schuld tragen und eine Unterstützung bekommen (vgl. Heiliger 2000: S. 180).

4.2 Interventionsmöglichkeiten

4.2.1 Möglichkeiten und Chancen

Die Fachkräfte benötigen feste Handlungsanweisungen für die Intervention schon bei Andeutungen von sexuellen Übergriffen. Es ist schwierig Grenzen festzulegen, wann eine Kindeswohlgefährdung gegeben und eine Strafanzeige notwendig ist. Es besteht also eine Gradwanderung zwischen Hilfe und strafrechtlichem Eingriff. Individuell muss das Gleichgewicht zwischen Kindeswohl und Elternrecht hergestellt werden. Interventionen beinhalten immer das Risiko, „zu früh", „zu spät", „zu wenig" oder „zu viel" eingegriffen zu haben. Grundsätzlich sind aber einige Punkte zu berücksichtigen (vgl. Bange 2002: S. 216).

Einer der wichtigen Handlungsanweisungen bei sexuellem Missbrauch ist, die Ruhe zu bewahren. Durch die zu schnellen Reaktionen der Helfer, die Opfer vor weiteren sexuellen Übergriffen zu beschützen, kommt es zu unüberlegten und hastigen Handlungen (vgl. Enders 2014: S. 192).

Auch die Autorin Besten vertritt die Auffassung, nicht zu hastigen Schlussfolgerungen zu kommen und kopflos zu handeln. Dann entstehen meist noch mehr ungewollte Schäden beim Opfer (vgl. Besten 1991: S. 78).

Deshalb ist es besonders wichtig, Ruhe zu bewahren. Jedoch sollte die Intervention nicht auf einen späteren Zeitpunkt gelegt werden, sondern währenddessen zu planen und schleunigst zu beginnen (vgl. Bange, Körner & Lenz: 2002: S. 216).

In mehreren Situationen schafften es die Fachleute, den Missbrauch erfolgreich zu beenden, wenn sie es mit Ruhe taten und ihre Herangehensweise Schritt für Schritt planten. Anstatt zu hastig zu handeln und damit das missbrauchte Opfer für weitere Jahre den sexuellen Übergriffen auszusetzen half das ruhige Vorgehen. Wichtig dabei ist auch ein fachlicher Austausch unter den Kollegen und Einzelsuperversion. Es ist notwendig, auch seine eigenen Gefühle auszusprechen, um professionell bleiben und die weiteren Schritte planen zu können, ein Netzwerk zu Institutionen aufzubauen, die dabei eine wichtige Rolle spielen und besonders das Vertrauen zum Opfer zu intensivieren. Nicht zu vergessen ist, dass man von Anfang an alles konkret und richtig dokumentieren muss (vgl. Enders 2014: S. 192 ff.).

Ein weiterer Schritt ist, dem Opfer zu glauben.

Wie oben im ersten Abschnitt der Arbeit beschrieben wird, dass die Täter oft einen guten Stand in der Gesellschaft haben und meist bekannt sind, fällt es auch den Fachleuten schwer, dem sexuell missbrauchten Kind zu glauben. Es ist menschlich, dass selbst Professionelle betroffen sind und es selbst kaum glauben können. Besonders, wenn der Täter bekannt ist und auch schon miteinander agiert wurde.

Es kommt oft vor, dass Lehrer, Erzieher und Sozialarbeiter die Veränderung des Kindes mitbekommen und die stillen Hilferufe wahrnehmen. Doch ist es in dieser Gesellschaft sehr schwer, solche Vermutungen, dass ein Kind sexuell misshandelt wird, zu äußern. Daraus folgt, dass viele sich doch davon abhalten lassen, den eigenen Vermutungen nachzugehen und die Hinweise zu hinterfragen (vgl. Enders 2014: S. 194).

Vielen Opfern ist schon viel geholfen, wenn sie merken oder hören, dass ihnen geglaubt wird. Das gibt ihnen das Gefühl, dass nichts bezweifelt wird, was sie erzählen. Dadurch bekommen die sexuell missbrauchten Kinder und ältere Opfer eine große Unterstützung für die Verarbeitung sowie das Beenden der sexuellen Übergriffe (vgl. Enders 2014: S. 194).

„So etwas erzählt man doch nicht über den eigenen Vater/Bruder/die eigene Mutter! Die weit verbreitete Idealisierung der Familie als Ort der Liebe und Geborgenheit und der Institutionen als Orte der Sicherheit führt dazu, dass sogar eindeutige Aussagen betroffener Kinder und Jugendlicher auch heute noch als unwahr abgetan werden. Aus der verständlichen Scheu, einen Menschen zu Unrecht zu verdächtigen, und aus Angst, den Zerfall einer Familie verantworten zu müssen, verdrängen Kontaktpersonen der Opfer die Wahrheit immer wieder." (Enders 2014: S. 195).

Klar ist, wenn der Täter aus der Familie stammt, ist er auch verantwortlich dafür, dass die Familie zerbrochen ist. Denn der Täter hat seine Macht dem Kind gegenüber ausgeübt und das Vertrauen missbraucht (vgl. Enders 2014: S. 195).

Ein weiterer Fakt ist, dass die Offenbarungen der sexuell missbrauchten Kinder niemals in Frage gestellt werden dürfen. Im ersten Blick hören sich die Kinder verwirrt und widersprüchlich an, da viele Opfer die sexuellen Übergriffe im Detail verdrängt haben. Oder dass die Täter ihre kindliche Wahrnehmung derart manipuliert haben, dass die Kinder sehr verwirrt berichten.

Fachleute arbeiten dann unprofessionell, wenn sie dem Kind unterstellen, es würde nicht ganz die Wahrheit sagen oder zweifeln sehr an ihrer Erzählung. Somit katapultieren sie sich als potenzieller „Retter" aus der Situation, um die Wahrheit herauszubekommen. Sexuell missbrauchte Kinder brauchen Unterstützer, um die erfahrene Gewalt bearbeiten zu können, sowie begleitet zu werden und die Unterstützung des weiteren Vorgehens gegen den Täter (vgl. Enders 2014: S. 196).

Zur Aufklärung des sexuellen Übergriffs an den Kindern werden Mediziner miteinbezogen, die feststellen sollen, ob ein sexueller Missbrauch vorliegt. Grundlegend sind die Aussagen der Opfer. Psychologen sagen, dass die Kinder die Wahrheit über den sexuellen Missbrauch sagen (vgl. Enders 2014: S. 197).

„Allein der Gedanke an sexuellen Missbrauch tut so weh, warum sollte sich ein Kind umsonst diese Schmerzen zufügen!" (Helga Willman).

Seltene Ausnahmen, in denen Kinder bewusst unbescholtene Menschen belasten können in dieser Studie unberücksichtigt bleiben.

Die Kinder öffnen sich erst dann, wenn sie merken, dass ihnen Vertrauen entgegengebracht wird und erzählen über die gewaltsamen Übergriffe (vgl. Enders 2014: S. 197).

Wichtig ist auch, dem Kind zu vermitteln, dass es nicht allein mit den Problemen ist und auch anderen Menschen das widerfahren ist. Die Vertrauensperson sollte auch das Kind darüber in Kenntnis setzen, dass Problem verstanden zu haben, sodass das Kind sich traut, die Erlebnisse durch nonverbale oder verbale Signale zu äußern. Auch wichtig ist, dem Kind zu vermitteln, dass es über das Thema sprechen und ausdrücklich über die Erfahrung reden darf, sobald das Kind dazu bereit ist. Die vertraute Bezugsperson gibt dem Kind das Gefühl, ihm zu glauben und helfen zu wollen, denn dadurch kann sich das Kind erst öffnen, wenn es sicher ist, einem anderen Menschen vertrauen zu können. Es ist wichtig, dem Kind verstehen zu geben, dass ein Erwachsener das ertragen kann, was ihm widerfahren ist. Wichtig ist es vor allem, dem Kind zu versichern, dass der Täter allein daran schuld ist und es selbst keine Schuld dazu beiträgt. Besonders sollte man auch dem sexuell missbrauchten Kind das Tempo der Offenbarungen überlassen und die Entscheidungen immer gemeinsam treffen. Ganz wichtig ist als Fazit zu betrachten, dass man das Kind nicht mit Fragen „löchert", wenn es noch nicht so weit ist (Besten:1991: S. 78 f.).

Vertrauen und Sympathie spielen ebenfalls eine große Rolle für die erfolgreiche Intervention.

Eine Grundvoraussetzung für eine Beratung ist, dass ein gegenseitiges Vertrauen zwischen dem sexuell missbrauchten Kind und den nicht missbrauchenden Eltern für das Gelingen des Hilfeplans vorhanden ist. Für einen nachhaltigen Erfolg ist es wichtig, dass es keine Vorwürfe oder eine unbewusste Abneigung gibt. Deshalb ist es umso wichtiger, dass die nicht missbrauchenden Eltern einen Berater benötigen, der ihre Sorgen und Ängste achtet (vgl. Bange 2011: S. 136).

Im Prozess muss trotz alledem das Verhältnis zwischen Eltern und Kind angesprochen werden. Spezieller wird es, wenn ein Elternteil das eigene Kind sexuell missbraucht hat. Dabei muss der andere nicht missbrauchende Elternteil neutral und subjektiv betrachtet werden. Darunter zählt auch die Frage: Wieso das misshandelte Kind sich dem anderen Elternteil nicht anvertrauen konnte. Würde man das nicht in Betracht ziehen, wäre es unrealistisch für alle Beteiligten den sexuellen Übergriff in ihrem Leben zu integrieren, weil grundlegende Gesichtspunkte dadurch verdrängt werden (vgl. Bange 2011: S. 137).

Sympathie spielt für die Intervention eine wichtige Rolle, um den betroffenen Parteien gegenüber zu treten. Es ist nicht förderlich, wenn wenig Empathie und Fürsorge in der Beratung vorhanden sind.

Ein Opfer sagte zu diesem Aspekt folgendes: „Ich denke sie [die Professionellen im System] sollten zumindest ein wenig Empathie zeigen. Ich denke nicht, dass sie dies tun. Ich denke, sie sollten ein wenig fürsorglicher sein, nicht wie aus Stein gemeißelt. Sie behandelten mich wie eine Bürgerin aus zweiter Klasse." (Plummer & Eastin) (Bange 2011: S. 137).

Pädagogen sollten eine vorurteilsfreie Haltung gegenüber den Eltern entgegenbringen, um professionell am Fall arbeiten zu können.

Reflexion der eigenen Anschauung der „idealen Mutter/Vater" sowie die Achtung sollten berücksichtigt werden. In der Interaktion ist besonders auf die nonverbale Haltung zu achten, da auf diesem Kommunikationsweg schwierige Inhalte vermittelt werden, die verbal manchmal nicht auszudrücken sind (vgl. Bange 2011: S. 138).

Nach der Offenbarung des sexuellen Missbrauchs reagieren die Eltern sehr aufgebracht, widersprüchlich oder sind auf ihre eigene Bitterkeit konzentriert. Die Fachleute nehmen solches Verhalten der Eltern als nicht unterstützend oder egoistisch für die Intervention wahr. Die Helfer können schnell unprofessionell werden, indem sie ihnen mit Zorn und Ärger gegenübertreten. Dies ist eindeutig keine unterstützende Reaktion der Fachleute für einen gelingenden Hilfeprozesses. Das Resultat ist, dass die Eltern sich passiv oder blockierend gegenüber der Intervention verhalten. Das wirkt sich letztendlich auf das Kind und die Eltern aus (vgl. Bange 2011: S. 138).

Wichtig bei der Zusammenarbeit ist, dass die Meinungen und die Teilnahme am Hilfeprozess der Eltern wahrgenommen und akzeptiert werden. Wenn die eigenen Ansichten im Hilfeprozess der professionellen Fachleute im Vordergrund sind, werden die Eltern sich unmittelbar dagegenstellen. Die Zusammenarbeit mit den betroffenen Eltern soll jedoch auch nicht mit allzu hoher Behutsamkeit ausgeübt werden, denn die Fachleute müssen ihre Aspekte deutlich vermitteln. Im Umkehrschluss müssen die Eltern auch die Chance haben, ihre Ansichten heranzutragen. Schuldzuweisungen sowie Vorwürfe sind zwingend zu umgehen (vgl. Bange 2011: S. 138 f.).

Der Umgang mit dem Thema „sexueller Missbrauch" sollte sensibel geschehen. Unterschiedliche Meinungen von professionellen Fachkräften zeigen, dass das Thema in der Familie dramatisiert wird. Gerade dann, wenn die Eltern sich voneinander trennen, nutzen besonders die Mütter bei innerfamilialem sexuellem Missbrauch diese Tatsache als Druckmittel gegen den Partner aus.

Auch wenn die Kinder innerfamilialen und außerhalbfamilial sexuellen Missbrauch erfahren haben, waren die Reaktionen vom Hilfssystem unterschiedlich. Die Mütter mussten häufig die Erfahrung machen, dass, wenn der sexuelle Übergriff vom Partner ausging, von Seiten des Hilfesystems nicht geglaubt wurde. Anders aber, wenn zum Beispiel der Verdacht auf einen Nachbarn fiel. Dann waren die Reaktionen des Hilfssystems angemessen und wurden achtungsvoll wahrgenommen (vgl. Bange 2011: S. 139).

Jeder Professionelle reagiert unterschiedlich auf das Verhalten der Mütter und der Väter. Daher ist es wichtig, dass die Fachleute nicht eine allgemeingültige Verhaltensweise der betroffenen Eltern erwarten. Eher müssen sie den nicht missbrauchenden Eltern individuell entgegenkommen, um die Verhaltensweisen von ihnen abschätzen zu können. Im Hilfeprozess sollte immer ein Augenmerk auf den Bestand der verfügbaren Mittel der Eltern und Kinder gerichtet sein. Dennoch behaupten viele Autoren, dass die Ressourcen der Beteiligten noch sehr ungenutzt bleiben (vgl. Bange 2011: S. 139).

Die Transparenz zwischen den Betroffenen und den Fachleuten spielt eine wichtige und grundlegende Rolle, erfolgreich zum Ziel zu gelangen.

Wenn die geplante Herangehensweise und Einschätzungen von den professionalen Fachleuten den nicht missbrauchenden Eltern entgegengebracht werden, wird somit die Arbeit transparent. So kann das Vertrauen aufgebaut werden und sich eine gemeinsame Arbeit entwickeln. Wichtig ist, dass im Verlauf der Planung die Eltern möglichst schnell eingebunden und möglichst über jeden Vorgang in Kenntnis gesetzt werden. Für die Bildung der Vertrautheit ist eine solche Maßnahme notwendig. Sonst fühlen sich die Betroffenen im Umkehrschluss schwach und entmachtet.

Die Gefühle der sexuell missbrauchten Kinder wurden schon durch den Täter ausgelöst. Deshalb ist die Transparenz umso wichtiger im Hilfeprozess. Dennoch ist es nicht zu vermeiden, dass sie ohne Transparenz und eigene Beteiligung den gleichen Gefühlen (Machtlosigkeit/Bevormundung) ausgesetzt sind. Besonders dann ist es wichtig, den Eltern die Verantwortung zu übertragen, dass das Potenzial für eine wieder zusammenwachsende Beziehung zwischen Kind und Eltern hergestellt werden kann (vgl. Bange 2011: S. 139).

Auch die Autorin Damrow beschreibt, dass in dem Hilfeprozess die Bezugspersonen möglichst zügig mit eingebunden werden sollten. Einige Studien zeigen auf, dass der Zusammenhang mit stressbedingten Symptomen der Mütter in Sitzungen bearbeitet werden soll, was sich auf die familiäre Situation positiv auswirkt (vgl. Damrow 2006: S. 205).

Wichtig ist bei der Intervention, einen roten Faden zu haben, dass es ermöglicht wird, dem sexuellen Missbrauch auf die Schliche zu kommen. Dazu sind einige Orientierungen wichtig. Zunächst muss der Sozialpädagoge festlegen, wo seine eigenen Grenzen liegen, das heißt es muss klar sein, wo die eigene Betroffenheit beginnt und deshalb das gesamte Hilfesystem übernehmen muss. Außerdem muss deutlich werden, an welche Leitlinien der Sexualerziehung man sich orientiert. Letztendlich ist eine weitere Voraussetzung, dass der Sozialpädagoge körperliche und/oder psychische Auffälligkeiten erkennt und beschreiben kann. Weiterhin muss die Frage beantwortet werden, ob es Verhaltensauffälligkeiten oder sexualisiertes Verhalten des Kindes gibt.

Ein grundlegender Punkt ist auch die eigene Absicherung. Das geschieht durch die Dokumentationen, die fachliche Beratung und vor allem durch das Abklären, wo man Unterstützung herholen kann. Die möglichen weiteren Handlungsschritte sollten in Planung sein, das heißt, die Kooperation mit anderen Institutionen zu organisieren sowie ein Helfernetzwerk zu schaffen. So fügen sich die weiteren Vorgehensweisen zusammen: Das Gespräch mit dem Opfer, mit den Eltern und die Unterstützung einer Strafanzeige (vgl. Enders 2014: S. 213-222).

Ein weiterer Schritt in der Intervention ist es, einen Schlussstrich mit den Tätern zu ziehen, um ein weiteres Ausnutzen der Opfer durch den Täter zu unterbinden und dem sexuell missbrauchten Kind die Verarbeitung des Erlebten zu vereinfachen. So kann auch überprüft werden, ob der Täter weitere Opfer hat und wenn ja, sie ausfindig zu machen und diese genauso zu unterstützen. Damit ist es möglich, den Täter zur Rechenschaft zu ziehen und weitere sexuelle Übergriffe zu verhindern (vgl. Brockhaus & Kolshorn 1993: S. 166). Ursula Enders, eine ausgewiesene Pädagogin und Psychotraumatologin, schlägt folgende Interventionsschritte bei innerfamilialer sexueller Gewalt gegenüber Kindern vor. Sie verweist ausdrücklich darauf, dass sie nicht auf jeden Einzelfall formal zu übertragen sind:

Die Reihenfolge der aufgelisteten Punkte entspricht außerdem nicht in jedem Einzelfall der Reihenfolge der Arbeitsschritte.

1. „1. Ruhe bewahren. Überstürztes Handeln schadet nur! Bei einer zu frühen Konfrontation des Täters (der Täterin) oder der anderen Familienmitglieder macht die Familie `dicht` und das Opfer bleibt dem Missbrauch schutzlos ausgeliefert.
2. Inanspruchnahme von fallbezogener Supervision.
3. Jüngere Mädchen und Jungen kommen meist nicht selbst zum Jugendamt, sondern der Missbrauch wird über eine Kontakt- oder Vertrauensperson gemeldet. Diese Person gilt es zu unterstützen, damit sie den Kontakt zum Kind intensivieren, eine positive Beziehung herstellen kann.
4. Klären, welche weiteren Personen Kontakt zum Opfer/zur Familie haben (z.B. Erzieherin im Kindergarten, Kinderärztin, Lehrer), und ob es eine Kontaktperson der Mutter gibt.
5. Fakten zusammentragen (z.B. Hinweise des Opfers in der Schule/Kindergarten) und schriftlich dokumentieren.
6. Kontaktperson davon abhalten, unüberlegt anzuzeigen.
7. Kontaktperson bestärken, damit sie bei ihrer Aussage bleiben.
8. Helferinnenkonferenz organisieren und durchführen, um Fakten zusammenzutragen und Verantwortung zu verteilen.
9. Ggf. Möglichkeiten einer Unterbringung für Opfer, Geschwister und Mutter vorbereiten.
10. Ggf. Gespräch mit der Mutter über den Missbrauch mit dem Ziel, diese zu stützen und für eine Zusammenarbeit zu gewinnen.
11. Konfrontation des Täters (der Täterin).
12. Umgehende räumliche Trennung des Täters (der Täterin) vom Opfer! Falls z. B. der Täter nicht auszieht oder die Mutter sich nicht sofort für eine Trennung vom Partner entscheiden kann, muss das Mädchen oder der Junge aus der Familie herausgenommen werden.

Auf jeden Fall ist darauf hinzuarbeiten, dass der Täter die gemeinsame Wohnung verlässt – nicht nur zum Wohle des Opfers, sondern auch zum Schutz der Geschwisterkinder und der Mutter.

13. Vermittlung von Beratungs- und Therapieangeboten für Opfer, Geschwister und Mutter. Mutter und Tochter/Sohn brauchen jeweils eine eigene parteiliche Beraterin/einen Berater.
14. Falls vorhanden und der Täter (die Täterin) geständig ist, diesem (dieser) ein Therapieangebot vermitteln.
15. Klären, ob Anzeige sinnvoll – im Interesse des Opfers – oder ob zivilrechtliche Maßnahmen ausreichen, um den Schutz des Kindes zu gewährleisten.
16. In jedem Fall sollten bei einer Anzeige die Interessen des Opfers durch eine Nebenklage vertreten werden.

Interventionsschritte bei sexueller Gewalt gegen jugendliche Mädchen und Jungen:

1. Ruhe bewahren.
2. Inanspruchnahme von fallbezogener Supervision.
3. Der/dem Jugendlichen glauben, dass er/sie missbraucht wurde, auch wenn sie/er noch weiter mit dem Täter (der Täterin) zusammenleben möchte und nicht im Detail über den Missbrauch berichtet.
4. Mit dem Mädchen/Jungen immer wieder überlegen, wie sie/er sich wehren kann; herausfinden, welche Widerstandsformen sie/er bereits entwickelt hat.
5. Dem Opfer sagen, dass Sie nichts unternehmen, was Sie nicht vorher mit ihr/ihm gemeinsam besprochen haben, dass Sie aber auch Verantwortung für sie/ihn übernehmen und unter Umständen irgendwann einmal eine Entscheidung zu ihren/seinen Schutz treffen müssen.
6. Ggf. dem Mädchen/Jungen Alternativen zum Elternhaus zeigen (z. B. eine Jugendwohngemeinschaft besuchen!).
7. Die Isolation des Opfers langsam auflösen, indem – falls möglich – weitere Vertrauenspersonen des Mädchens/Jungen im gemeinsamen Gespräch informiert werden und deren Unterstützungsbereitschaft für das Opfer geweckt wird.
8. Fakten sammeln und schriftlich festhalten.

9. Falls bereits Anzeige erstattet wurde oder das Mädchen/der Junge den Täter (die Täterin) anzeigen möchte, Anwältin/Anwalt mit der Nebenklage beauftragen.
10. Helferinnenkonferenz organisieren und durchführen, um Fakten zusammenzutragen und zur Verantwortung zu verteilen.
1. 11.Ggf. Gespräch mit der Mutter, mit dem Ziel, diese zu stützen und für eine Zusammenarbeit zu gewinnen.
11. Ggf. Konfrontation des Täters.
12. Falls der Täter von Dritten über den Verdacht informiert wurde, muss der Schutz des Mädchens/Jungen gewährgeleistet werden (räumliche Trennung!).
2. 14.Ggf. Vermittlung in Therapie oder Selbsthilfegruppe." (Enders 2014: S. 224 ff.)

Das Ziel einer Intervention ist also, dass die Beratung zügig erfolgt, wobei ein Augenmerk daraufgelegt werden sollte, dass die Eltern auch die vereinbarten Termine einhalten. Die Ziele der Beratungen müssen vorher festgelegt sein. Sie müssen realisierbar und überprüfbar sein, um Frustration auf beiden Seiten zu vermeiden. Es ist hilfreich, wenn der Sozialpädagoge sich für die Sitzungen eine Themenliste anlegt und daran messen kann wie die Intervention verläuft. Der Verlauf der Intervention sollte möglichst regelmäßig geprüft werden. Wenn der Focus klar definiert ist, ist die Gefahr geringer, sich mit anderen Themen aufzuhalten (vgl. Bange 2011: S.140 f.).

5 Fachliche Qualifikation als Voraussetzung einer gelungenen Prävention und Intervention – Eine aktuelle empirische Studie

5.1 Forschungsdesign

Das Datenerhebungsinstrument ist ein Fragebogen mit überwiegend geschlossenen Fragen und einer offenen Frage. Das Format des geschlossenen Fragebogens wurde aufgrund der erreichbaren Objektivität und der vereinfachten Auswertungsmöglichkeit gewählt (vgl. Bortz & Döring 2006: S. 254).

Die Probanden sind Mitarbeiter der Caritas Rostock. Die Befragung wurde während mehrerer Teamberatungen durch die Teamleiter durchgeführt. Da der Autor der Bachelorarbeit beim Ausfüllen der Fragebogen selbst nicht anwesend war, wurde die Anonymität in besonderem Maße gewährleistet. Um valide Ergebnisse zu erhalten, wurden die Fragebögen in den Teams verteilt und vor Ort sofort bearbeitet. Allen Teammitgliedern war es somit im Zeitraum 05.05.2019 bis zum 30.05.2019 möglich, an der Studie teilzunehmen. Die Fragebögen wurden vom Teamleiter unmittelbar nach der Bearbeitung eingesammelt und an den Autor übergeben.

Der Fragebogen enthält, Fragen zu den demographischen Daten der Probanden, zu den Erfahrungen mit sexuellem Kindesmissbrauch und Erfahrungen hinsichtlich des gesellschaftlichen Umgangs mit diesem Phänomen. Die wichtigsten Fragen sind unter anderen: „Woran meinen Sie, sexuellen Missbrauch erkennen zu können? Begründen Sie kurz." (siehe Frage 9) und „Kennen Sie die Abläufe/Ansprechpartner bei Verdacht auf sexuellen Kindesmissbrauch.?" (siehe Frage 7). Das sind die wichtigsten Fragen, um die fachliche Kompetenz der Fachkräfte in dieser Frage zu beurteilen.

Von besonderer Bedeutung war auch die Frage nach der speziellen Qualifikation:

„Haben Sie in ihrer Ausbildung die Themen ‚Sexueller Kindesmissbrauch' und ‚Prävention und Intervention' eine Rolle gespielt?" (siehe Frage 1).

Wie bereits erwähnt, wurde der Zugang zur Stichprobe über die kleinen Teams gewährt. Es wurden diejenigen ausgefüllten Fragebögen berücksichtigt, die das vorab festgelegte Einschlusskriterium „Berufsabschluss als Sozialpädagoge" bzw. das „im sozialen Bereich arbeitende Person" erfüllen. Dazu gehören also auch Erzieher und Quereinsteiger. Die Stichprobe wurde auf das Alter von 20 bis 65 Jahren begrenzt.

Insgesamt nahmen 13 Teilnehmer an der Befragung teil. Das Durchschnittsalter beträgt 30-35 Jahre. Davon sind 7 Probanden weiblich und 6 männlich.

5 (38%) der Probanden verfügen über einen Fachhochschulabschluss, 4 (31%) haben einen Fachschulabschluss und 4 (31%) einen Hochschulabschluss. Quereinsteiger haben demzufolge nicht an der Studie teilgenommen.

Die empirische Untersuchung unterteilt sich durch die Objektivität in die Durchführungsobjektivität und die Auswertung und Interpretationsobjektivität. Die Durchführungsobjektivität setzt voraus, dass der Autor des Fragebogens keinen Einfluss auf die Untersuchungsergebnisse von den Probanden hat (vgl. Strangl 2018).

Dies ist dadurch garantiert, dass die Fragebogenerhebung anonymisiert stattgefunden hat. Der Autor hatte keine Möglichkeit, die Antworten und Ergebnisse der Befragungen bzw. die Durchführung zu beeinflussen, da die Teilnehmer nicht in Kontakt mit dem Autor gekommen sind. Die Durchführungsobjektivität könnte aber beeinträchtigt worden sein durch den Fakt, dass der Fragebogen in kleinen Teams und im gleichen Unternehmen, wo der Autor auch tätig ist, veröffentlicht wurde. Jedoch hat der Autor mit den anderen Teams nicht viel bis gar keinen Kontakt.

Die Auswertungsobjektivität impliziert die Forderung nach unbeeinflusster Auswertung der Testergebnisse. Sie ist gegeben durch das überwiegende geschlossene Antwortformat. Bei der neunten Frage handelt es sich um eine offene Frage.

Sofern das Testergebnis der Befragung ohne persönliche Deutungen des Autors erzielt worden ist, ist die Anforderung an die Interpretationsobjektivität gegeben. In diesem Fall ist die Interpretationsobjektivität gewährleistet, da die Analyse und anschließende Interpretation keine persönliche Meinung des Autors aufweisen und somit das Ergebnis beeinflussen. Demnach ist es jeder beliebigen Person möglich, gleiche Ergebnisse aus diesem Sachverhalt zu ziehen (vgl. Bortz & Döring 2006: S. 195 f.).

Die Messgenauigkeit des vorliegenden Forschungsinstruments wird bestimmt durch die Reliabilität. Hiernach richtet sich die zu zuverlässige Erfassung des Gegenstandes der/dieser Forschung. (vgl. Bortz & Döring 2006: S. 254).

Diese ist bei der empirischen Sozialforschung nie vollkommen erreichbar, durch Faktoren wie die Unaufmerksamkeit der Probanden, situative Störungen, Missverständnisse bei der Fragestellung, absichtliche Falschantworten oder nur teils richtige Antworten durch oberflächliche Beantwortungen der Probanden. Die Reliabilität wurde im folgenden Fragebogen nicht über ein Testverfahren ermittelt. Die Ergebnisse erheben nicht den Anspruch repräsentativ zu sein.

Der Autor hat bewusst diese Form der Erhebung von Daten ausgewählt, um eine Möglichkeit für einen Blick in die Praxis zu bekommen und einen Vergleich zu bisherigen Forschungen herzustellen.

Den Probanden war es während des Ausfüllens des Fragebogens nicht möglich, Verständnisfragen zu stellen. Daher könnten einige Fragen falsch beantwortet worden sein, da sie nicht richtig verstanden wurden.

Des Weiteren gibt es bei dem Fragebogen durch die Standardisierung keine Flexibilität der Untersuchungssituation, da die Antworten schon vorher festgelegt sind. Dadurch gibt es kein individuelles Eingehen auf die Probanden. Dadurch, dass der Fragebogen nur Entscheidungsfragen enthält, ist es nicht möglich, die Ursachen eines jeweiligen im Item dargestellten Problems zu erfassen. Deshalb haben die Probanden auch nicht die Möglichkeit, Verbesserungsvorschläge mitzuteilen.

Einzelne Wissenschaftler weisen auf die Grenzen der quantitativen Methode hin:

„Der quantitativen Forschung wird u. a. entgegengehalten: Sie hätte ein mechanistisches Welt- und Menschenbild, wäre zu weit von der Praxis entfernt und damit zu abstrakt und undurchschaubar, sie hätte zudem keinen Handlungsbezug, würde das Zweck-Mittel-Denken unsachgemäß präferieren und letztlich sogar das Subjekt aus den Augen verlieren. Zudem wären die Meßmodelle unangemessen und Einzelfallforschung nicht möglich" (Saldern 1992: S. 378)

5.2 Befunde

Die Fragebogenerhebung im Mai 2019 ergab folgende Befunde, die in Grafiken und verbal dargestellt werden:

5.2.1 Grafik zur Frage 1

Abbildung 2: Themen in der Ausbildung

Auf die Frage: „Haben in Ihrer Ausbildung die Themen ‚Sexueller Kindesmissbrauch' und ‚Prävention und Intervention' eine Rolle gespielt?" haben zu 6 (46%) mit „Ja, sehr gering" geantwortet, wobei 2 (15%) der Probanden mit „Nein" und 5 (39%) mit „Ja" geantwortet haben.

5.2.2 Grafik zur Frage 2

Abbildung 3: Fortbildungsmöglichkeiten

Auf die Frage: „Wurde von ihrem Träger eine Weiterbildung/Fortbildung diesbezüglich angeboten?" haben mehr als die Hälfte 7 (54%) mit „Ja" geantwortet und 6 (46%) mit „Nein".

5.2.3 Grafik zur Frage 3

Abbildung 4: Wahrnehmung der Fortbildung

Die dritte Frage bezieht sich auf die zweite Frage. 2 (15%) der Probanden haben diese Weiterbildung wahrgenommen und 6 (46%) nicht. 5 (39%) der Probanden haben keine Antwort darauf gegeben.

5.2.4 Grafik zur Frage 4

Abbildung 5: Eigene Erfahrungen

Mehr als die Hälfte der Probanden, 7 (54%) wurde schon mit sexuellem Kindesmissbrauch konfrontiert und 6 (46%) nicht.

5.2.5 Grafik zur Frage 5

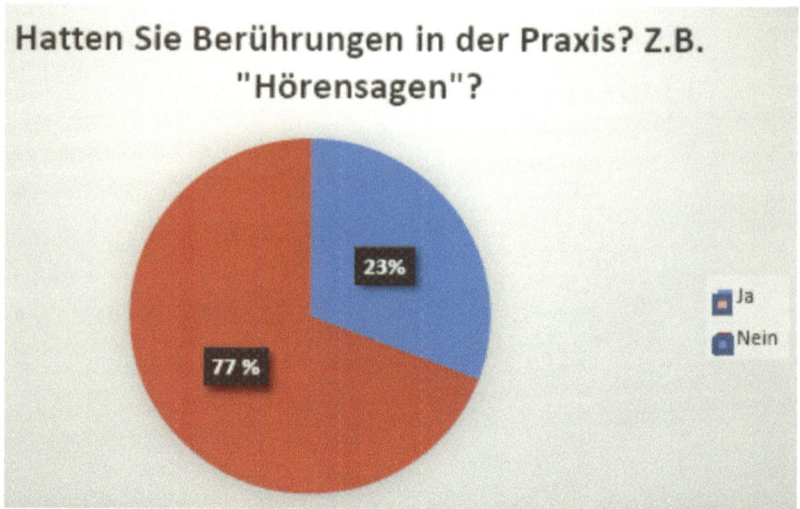

Abbildung 6: Praxiserfahrungen

3 (23%) der Befragten hatten bis jetzt keine Berührungen in der Praxis, aber 10 (77%) hatten schon Kontakt in der Praxis beziehungsweise durch „Hörensagen".

5.2.6 Grafik zur Frage 6

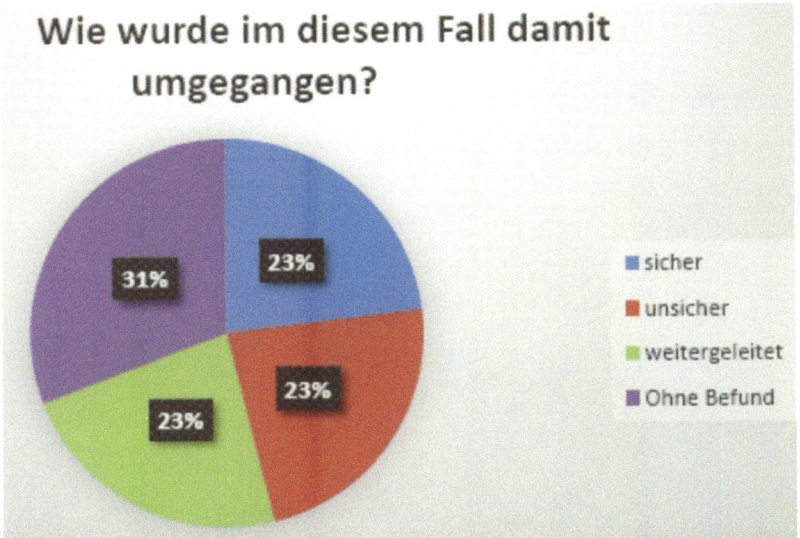

Abbildung 7: Umgang mit Missbrauch

Zum Umgang mit dem Fall haben 3 (23%) der Probanden mit „sicher" geantwortet. 3 (23%) haben mit „unsicher" geantwortet und 3 (23 %) haben den Fall weitergeleitet. 4 (31%) der Befragten haben diese Frage unbeantwortet gelassen.

5.2.7 Grafik zur Frage 7

Abbildung 8: Abläufe

4 (31%) der Befragten kennen die Abläufe/Ansprechpartner bei Verdacht auf sexuellen Kindesmissbrauch. 9 (69%) der Probanden antworten mit „Nein".

5.2.8 Grafik zur Frage 8

Abbildung 9: Kommunikation mit dem Opfer

Weit mehr als die Hälfte der Probanden mit 9 (69%) wissen nicht wie die Kommunikation mit dem Opfer weitergeführt wird. Dahingegen wissen 4 (31%), wie man mit Opfern angemessen kommuniziert.

Zusammenfassung der Frage 9 (Woran meinen Sie, sexuellen Missbrauch erkennen zu können? Begründen Sie kurz.)

Proband	Zusammenfassung	Reduktion	Ohne Befund
1	X	x	x
2	- Extreme Reaktion auf körperliche Kontakte - Unangebrachten Umgang mit Fäkalien - Übersexualiertes Verhalten, das nicht der Entwicklungsstufe entspricht (Ausdrücke, Verhalten gegenüber Gewalt, Zerstörung, Verstümmelung, von Puppen oder Gegenständen)	- Probleme mit körperlicher Nähe - Umgang mit Fäkalien - Gewalt	
3	- Berührungsängste - Eingeschüchtertes Verhalten, aber auch Mitteilungsbedürfnis (nicht eindeutig)	- Berührungsängste - Mitteilungsbedürfnis - Eingeschüchtertes Verhalten	
4	- Anzeichen können vielseitig sein und individuell völlig verschieden - Gibt kein Schema	- Vielseitige Anzeichen - Sind individuell sehr unterschiedlich	
5	- Kind sucht körperliche Distanz zu anderen Erwachsenen und umgekehrt - Kind kommuniziert erfahrenen Missbrauch (Berührungen etc.)	- Körperliche Distanz - Kommunikation über Missbrauch	
6	- Verhaltensauffälligkeiten - Auffälligkeit darstellen von Bildern - Rollenspiele bezüglich sexuellen Missbrauchs	- Verhaltensauffälligkeiten - Darstellung der Auffälligkeit durch Bilder - Rollenspiele	
7	- Traumata auf Haut – insbesondere Intimbereich - Verweigernde Reaktion bei Pflege	- Berührungsängste auf der Haut, besonders Intimbereich - Pflege wird verweigert	

Proband	Zusammenfassung	Reduktion	Ohne Befund
8	– Berichte, Verhaltensveränderungen, Zurückgezogenheit = Indizien, bei denen man aufmerksam sein sollte	– Verhaltensveränderungen – Berichte, die Aufmerksamkeit verlangen – Zurückgezogenheit	
9	– Plötzlich verändertes Verhalten – Zurückgezogenheit – Aggressivität	– Verändertes Verhalten – Zurückgezogenheit – Aggressivität	
10	– In sich kehren – Abgrenzen – Widersprüchlichkeiten	– Zurückgezogenheit – Abgrenzen – Widersprüchlichkeiten	
11	– Unsichere Reaktion des Kindes überaus zurückhaltend gegenüber Personengruppe – Zerstörungswut gegenüber Objekten – Selbstverletzendes Verhalten zur Reduzierung des eigenen Aussehens	– Probleme mit Kontakt – Gewalt – Selbstverletzendes Verhalten, zur Reduzierung der sexuellen Attraktivität	
12	– Starkes Schamgefühl – Angst vor Berührungen	– Schamgefühl – Angst vor Berührungen	
13	– Verhalten des Schülers bzw. Schülerin – Vertrauliche Gespräche – Hinweise Dritter	– Verhaltensänderung – Gespräche? – Hinweise Dritter	

5.2.9 Grafik zur Frage 10

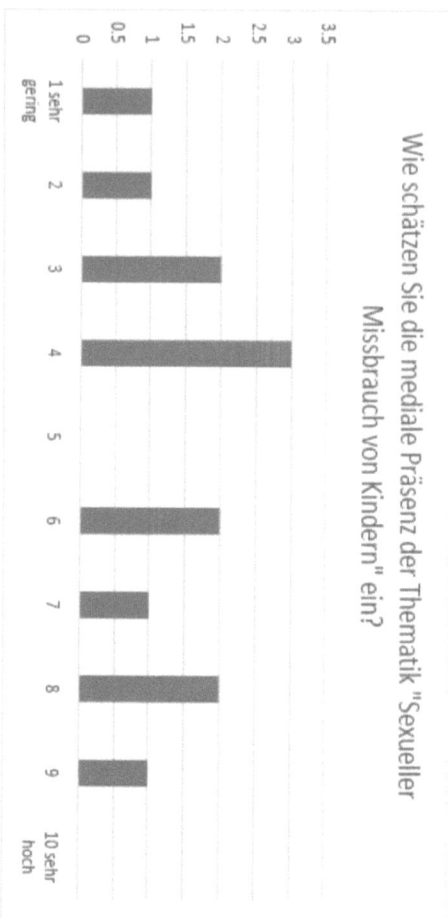

Abbildung 10: Mediale Präsenz

1 (7,7%) Proband hat die mediale Präsenz der Thematik sehr gering eingeordnet. Des Weiteren hat 1 (7,7%) Proband die Frage auf der Skala mit 2 bewertet. 2 (15,4 %) Probanden haben sie auf die 3 zugeordnet und 3 (23,1%) haben die Frage auf der Skala bei 4 angekreuzt. 2 (15,4%) sehen die mediale Präsenz auf der Skala bei 6. 1 (7,7%) hat die Thematik auf 7 zugeordnet. Des Weiteren haben 2 (15,4%) Probanden die Thematik „Sexueller Missbrauch von Kindern" hoch mit 8 eingeordnet. 1 (7,7%) Proband hat diese Frage auf 9 eingeordnet.

5.2.10 Grafik zur Frage 11

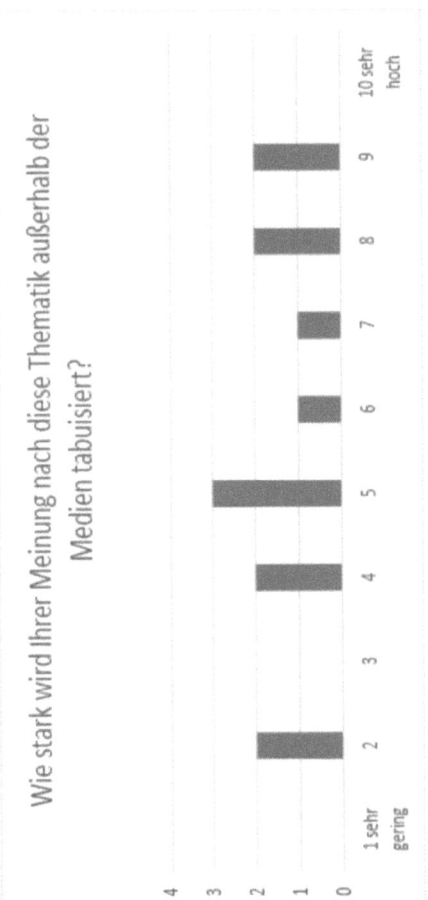

Abbildung 11: Tabuisierung des Themas

2 (15,4%) der Probanden schätzen die Tabuisierung Thematik außerhalb der Medien als sehr gering mit 2 auf der Skala ein. Auf der Skala mit 4 schätzen 2 (15,4%) der Probanden den Tabuisierungsgrad ein. Wiederrum wird die Tabuisierung von 3 (23,1%) Probanden auf der Skala mit 5 eingeschätzt. 1 (7,7%) Proband sieht die Frage auf der Skala bei 6 und 1 (7,7%) weiterer Proband auf der 7. 2 (15,4%) Probanden schätzen die Tabuisierung auf der Skala mit 8 hoch ein. Weitere 2 (15,4%) sind der Meinung, dass die Tabuisierung sehr hoch ist und deshalb haben sie auf der Skala bei 9 ihr Kreuz gesetzt.

5.2.11 Grafik zur Frage 12

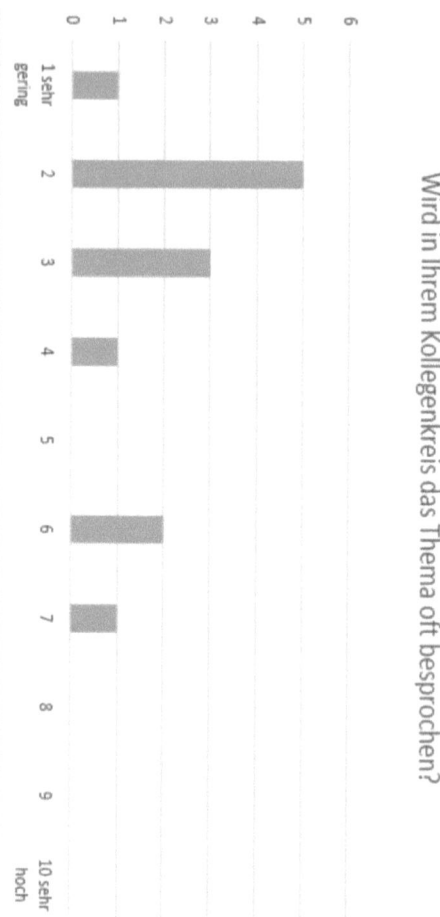

Abbildung 12: Aufkommen des Themas im Alltag

1 (7,7%) Proband ist der Meinung, dass das Thema sehr gering thematisiert wird. 5 (38,5%) der Probanden schätzen es auch noch fast sehr gering ein und haben es somit auf der Skala bei 2 eingeordnet. 3 (23,1%) Probanden haben es auf der Skala bei 3 zugeordnet und 1 (7,7%) Proband auf der 4. 2 (15,4%) Probanden sind der Meinung, dass die Tabuisierung im Kollegenkreis eher als hoch eingeschätzt werden kann und sie haben sie auf der Skala bei 6 eingeordnet. 1 (7,7%) Proband hat die Frage auf der Skala bei 7 beantwortet.

5.2.12 Grafik zur Frage 13

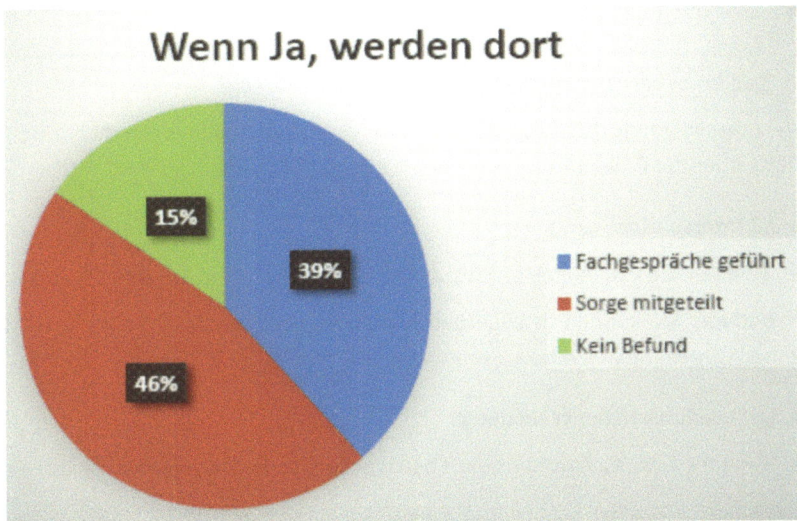

Abbildung 13: Besprechung des Themas

Die 13. Frage bezieht sich auf Frage 12. 6 (46%) der Probanden haben die Sorge um die Kinder mitgeteilt, weil das in den Medien Thema war. 5 (39%) führen Fachgespräche darüber und die restlichen 2 (15%) gaben keine Antwort.

5.3 Auswertung und Interpretation

In dem folgenden Kapitel befasst sich der Autor mit der Beantwortung der Forschungsfragen auf der Grundlage der Befunde. Sie werden im Zusammenhang mit den theoretischen Erkenntnissen aus der Forschungsliteratur diskutiert.

Die folgenden Forschungsfragen und die daraus abgeleiteten Hypothesen waren dabei wegleitend.

1. Sind alle Arbeitenden im sozialen Bereich für die Arbeit mit Kindern und Jugendlichen qualifiziert?

Hypothese: Durch den Fachkräftemangel gibt es viele Quereinsteiger, die nur das Nötigste am Kind tun.

2. Sind Sozialpädagogen ausgebildet für die Intervention und Prävention hinsichtlich sexuellen Missbrauchs?

Hypothese: Die Thematik wird in der Ausbildung nicht genügend behandelt.

5.3.1 Prävention:

3. Sind die Anlaufstellen für die Pädagogen beim Verdacht von sexuellem Kindesmissbrauch präsent? Wie ist das Befinden der betroffenen Sozialpädagogen beim Verdacht auf sexuellen Kindesmissbrauch?

Hypothese: Durch das Tabuthema haben viele Sozialpädagogen zu wenig Kenntnisse über die Prävention.

5.3.2 Intervention:

4. Können die Pädagogen ein sexuell missbrauchtes Kind erkennen?

Hypothese: Sie können es eventuell erkennen, sind sich aber dabei unsicher und gehen diesem nicht nach.

5.3.3 Gesellschaftlicher Umgang:

5. Geht die Gesellschaft mit dem Thema sexueller Kindesmissbrauch offen um?

Hypothese: Sexueller Kindesmissbrauch wird in der Gesellschaft stark tabuisiert.

Forschungsfrage 1: „Sind alle Arbeitenden im sozialen Bereich für die Arbeit mit sexuell missbrauchten Kindern und Jugendlichen qualifiziert?"

Zur Beantwortung wurden zum Beginn Eingangsfragen gestellt, unter anderem „Welchen höchsten Berufsabschluss haben Sie?" Bei der Auswertung wird ersichtlich, dass sieben der Befragten einen sozialpädagogischen Abschluss besitzen. Bei drei Probanden kann vermutet werden, dass sie pädagogische Inhalte im Studium vermittelt bekamen. Für die restlichen drei Probanden kann nur eine Vermutung aufgestellt werden, dass sie eventuell Bezug zum sozialpädagogischen Beruf haben, da sie bei dieser Frage als höchsten Berufsabschluss mit der Abkürzung B.A. angaben. Doch zeigt die zweite Eingangsfrage „Seit wie vielen Jahren sind Sie Sozialpädagoge?", dass drei Probanden mit dem B.A.-Abschluss Pädagogen sind, da sie diese zweite Eingangsfrage „Seit wie vielen Jahren sind Sie Sozialpädagoge" beantwortet haben.

Erstaunlich ist, dass die Befragten mit einem Erzieherabschluss sich teilweise nicht als Sozialpädagoge sehen und somit die zweite Eingangsfrage nicht beantwortet haben.

Forschungsfrage 2: „Sind Sozialpädagogen ausgebildet für die Intervention und Prävention?"

Um diese Frage zu beantworten, wurden die Probanden durch eine geschlossene Frage, „Haben in Ihrer Ausbildung die Themen ‚Sexueller Kindesmissbrauch' und ‚Intervention und Prävention' eine Rolle gespielt?", befragt. Ihre Antwortmöglichkeiten waren „Ja", „Nein" und „Ja, aber nur sehr gering". 6 Probanden (46%) haben diese Frage mit „Ja, aber nur gering" beantwortet. Hier ist es fraglich, wie das Thema behandelt wurde und was vermittelt wurde. Eine folgende offene Frage hätte die Forschung präziser gestaltet. Mit einem „Ja" haben 5 Probanden (39%) die Frage beantwortet. Erschreckend ist an diesem Ergebnis, dass 2 Probanden (15%) einen Hochschulabschluss auf Lehramt haben und das Thema „Sexueller Kindesmissbrauch" in ihrer Ausbildung keine Rolle gespielt hat. Obwohl sie auch im sozialen Bereich arbeiten und in Kontakt mit Kindern und Jugendlichen stehen.

Aufbauend auf der zweiten Frage „Wurde von ihrem Träger eine Weiterbildung/Fortbildung diesbezüglich angeboten?" Haben 7 (54%) der Befragten mit „Ja" geantwortet und die restlichen 6 (46%) mit „Nein". Hier ist anzumerken, dass die Befragung innerhalb eines Unternehmens und des gleichen Arbeitsbereichs durchgeführt wurde. Wie können sich solche unterschiedlichen Ergebnisse ergeben?

Bezugsnehmend auf die Frage nach Fort- und Weiterbildungsangeboten (Frage 2) ergibt sich Frage 3: „Wenn Ja, haben Sie die wahrgenommen?". Darauf haben 5 (39%) Probanden diese nicht beantworten können, da sie in der 2. Frage „Wurde in ihrem Träger eine Weiterbildung/Fortbildung diesbezüglich angeboten?" sie diese auch verneint hatten. Da die 3. Frage nur beantwortet werden konnte, wenn die 2. Frage mit „Ja" beantwortet wurde.

Erschreckend an diesem Ergebnis ist, dass in der vorherigen Frage 2 der 7 Probanden mit „Ja" geantwortet haben und in der dritten Frage nur 2 (15%) Befragte an der Weiterbildung/Fortbildung teilgenommen haben. 6 (46%) von den Befragten haben diese nicht wahrgenommen. Hier stellt sich auch die Frage, warum diese nicht daran teilgenommen haben.

Forschungsfrage 3: „Sind die Anlaufstellen für die Pädagogen beim Verdacht von sexuellem Kindesmissbrauch präsent? Wie ist das Befinden der betroffenen Sozialpädagogen beim Verdacht auf sexuellen Kindesmissbrauch?"

Um dies zu überprüfen wurden im Fragebogen die Fragen vier bis sieben gestellt. Die 4. Frage: „Wurden Sie schon mit sexuellem Kindesmissbrauch konfrontiert?" haben knapp über die Hälfte (54%) der Probanden mit „Ja" beantwortet. Die Frage

6 „Wie wurde mit diesem Fall umgegangen?" zeigt, dass 3 (23%) sich unsicher dabei waren und 4 (31%) der Befragten diese Frage nicht beantwortet haben.

Die Autorin Enders beschreibt, wenn die Opfer vom sexuellen Missbrauch erzählen, müssen sie zuerst mehrere erwachsene Personen ansprechen, dass ihnen zugehört wird und auch wahrgenommen werden. Dass ihnen geglaubt wird, wenn sie sich schon überwinden von ihrem Erlebnis zu erzählen. Wenn der sexuelle Übergriff in den eigenen Familienkreisen geschieht, werden die Erzählungen von Opfern überhört oder sie werden als Lügner dargestellt. (vgl. Enders 2014: S.134).

Die Theorie zeigt an dieser Stelle, dass es damit zusammenhängen kann, dass die Erwachsenen unsicher im Umgang mit solchen Fällen werden oder sind und deshalb 4 (31%) der Befragten diese Frage unbeantwortet ließen.

3 (23%) der Probanden konnten mit dem Fall „Hörensagen" sicher umgehen. Darunter fällt eine Probandin mit 20 Jahren Berufserfahrung im Alter zwischen 50 und 55 Jahren, die auch die vorherigen Fragen von 4 bis 5 mit „Ja" beantwortet hat. Eine Sozialarbeiterin im Alter zwischen 35 bis 40 Jahren mit einer 7-Jährigen Berufserfahrung, die auch unter anderem die 4. und 5. Frage mit „Ja" beantwortet hat. Und der 3. Proband, der sicher im Umgang mit dieser Thematik war, ist im Alter zwischen 35 und 40 Jahren und als Erzieher mit vier Jahren Berufserfahrung tätig, aber die vorherigen Fragen „Wurden Sie schon mit sexuellem Kindesmissbrauch konfrontiert" und „Hatten Sie Berührungen in der Praxis? z.B. ‚Hörensagen', beide mit „Nein" beantwortet hat. Die Frage 2 hat der Proband mit „Ja" beantwortet und die 3. Frage mit „Nein", dass er die Weiterbildung nicht wahrgenommen hat. Hier ist es fraglich, was ihn so sicher macht?

Obwohl in der 5. Frage „Hatten Sie Berührungen in der Praxis? z.B. Hörensagen"? 10 (77%) der Probanden mit „Ja" antworteten und 3 (23%) mit „Nein", kann das Ergebnis der bisherigen Forschungen bestärken, dass viele dann, wenn es darauf ankommt auf einen konkreten Fall zu reagieren, zum Teil wegschauen, den Fall bagatellisieren oder an andere Pädagogen delegieren.

Forschungsfrage 4: Können die Pädagogen ein sexuell missbrauchtes Kind erkennen?

9 (69%) von 13 Probanden wissen wie die Kommunikation der Opfer weitergeführt wird. Hier ist es fraglich, ob die Befragten dies wirklich wissen oder ob es nur das Ahnen ist und sie sich vorstellen können wie die Kommunikation weitergeführt wird. Von Seiten des Autors wurde keine vertiefende Abfrage der Handlungsroutinen hinsichtlich der Kommunikation mit dem Opfer vorgenommen.

Um die Forschungsfrage 4 zu beantworten, hat der Autor bewusst eine offene Frage zur Überprüfung der Kenntnisse gestellt: Frage 9 „Woran meinen Sie, sexuellen Missbrauch erkennen zu können?": 12 der Befragten haben diese Frage beantwortet. Die Probanden beschrieben ähnliche Merkmale, die am Kind auffällig werden. Das Erscheinungsbild des Kindes wird von den meisten benannt und zeigt, dass sie einen Verdacht für einen sexuellen Kindesmissbrauch aufstellen könnten. Jedoch muss konstatiert werden, dass die fachliche Qualität der Antworten recht unterschiedlich ausgefallen ist.

Die Probanden haben die Anzeichen überwiegend mit Zurückgezogenheit, Einschränkung im Verhalten und Erleben in Verstummung beschrieben. In den Forschungsergebnissen von Deegener wird dies genauso so dargestellt (vgl. Deegener 1998: S. 88).

Hierbei ist es interessant, dass die Probanden die Anzeichen erkennen würden, aber teilweise nicht darauf reagieren können. Das könnte zum einem mit der fehlenden Professionalität zu tun haben oder mit der Tatsache, dass sie selbst eine entsprechende Erfahrung durchlebt haben und diese nie deuten konnten und deshalb keine Intension für die Wahrnehmung solcher Anzeichen zeigen.

Forschungsfrage 5: „Geht die Gesellschaft mit dem Thema sexueller Kindesmissbrauch offen um?"

Um diese Frage zu beantworten hat der Autor im Fragebogen die Fragen von 10 bis 12 entwickelt, um herauszufinden, ob der Umgang in der Gesellschaft mit der Thematik offen ist.

Die 10. Frage lautet deshalb:

„Wie schätzen Sie die mediale Präsenz der Thematik „Sexueller Missbrauch von Kindern" ein? Die Befragten mussten auf einer Skala von 1 bis 10 die Präsenz einschätzen.

7 (54%) der Probanden schätzten auf der Skala 1 bis 10 (1 sehr gering, 10 sehr hoch) unter 5 ein, dass die mediale Präsenz der Thematik gering gehalten wird. Die restlichen 6 (46%) Probanden schätzen diese hoch ein, mit den Angaben in der Skala 6 bis 9. Der Grund für dieses Ergebnis kann sein, dass die Probanden, die die mediale Präsenz gering einschätzen, dass sie nicht aktiv Zeitungen lesen beziehungsweise Nachrichten hören. Im Alltag kann es dazu kommen, dass die Menschen durch die dauerhafte Präsenz sexuellen Missbrauch nicht mehr aktiv wahrnehmen. Denn in den Medien ist das Thema sehr präsent. Mindestens ein Artikel

im Monat ist über das Thema Kindesmissbrauch innerhalb Deutschlands zu lesen. (Anhang 2). Größtenteils kommen Mitteilungen zum Thema öfter vor als einmal im Monat vor (Anhang 3). Wenn ein Thema ständig präsent ist und nie zur Aufklärung kommt, wird der Leser automatisch abgestumpft und empfindet es möglicherweise als normal. Andersherum können Eltern beziehungsweise Pädagogen ein anderes Empfinden durch solche Nachrichten entwickeln.

Zur 11. Frage: „Wie stark wird Ihrer Meinung nach diese Thematik außerhalb der Medien tabuisiert? 4 (31%) der Befragten schätzen die Tabuisierung unter 5 auf der Skala ein und 9 (69%) der Probanden mittelmäßig bis hoch.

Probanden, die die mediale Präsenz geringfügig sehen, schätzen die Tabuisierung außerhalb der Medien hoch und sehr hoch ein. Das kann damit zusammenhängen, dass die offiziellen Statistiken nicht rezipiert werden und allgemein bekannt ist, dass es hinsichtlich des sexuellen Missbrauchs ein großes Dunkelfeld gibt.

Zur 12. Frage „Wird in Ihrem Kollegenkreis das Thema oft thematisiert?" Auf die Frage haben 10 (77%) der Befragten sehr gering bis gering auf der Skala eingeschätzt. Und die restlichen 3 (23%) haben es mittelmäßig bewertet.

Die 13. Frage bezieht sich auf Frage 12 und lautet: „Wenn Ja, werden dort Fachgespräche geführt oder die Sorge um die Kinder mitgeteilt, weil das in den Medien gerade Thema ist?"

Wenn Probanden die 12. Frage mit sehr gering beantwortet haben, haben sie die 13. Frage nicht beantwortet, da es den Anschein macht, dass sie weder Fachgespräche oder private Gespräche darüber führen.

Die 12. Frage wurde von einigen Befragten gering in die Skala eingestuft, aber darauffolgend die 13. Frage mit der Antwort, dass die Sorge um die Kinder in den Gesprächen im Mittelpunkt stand. Das kann damit zusammenhängen, dass sie eigene Kinder haben und deshalb besonders besorgt sind.

Probanden geben auch wieder an, dass die Thematik im Kollegenkreis sehr geringgehalten wird, aber auch Fachgespräche über diese Thematik geführt werden.

Die Schlussfolgerung auf die Ergebnisse zur Frage 13 ist, dass 6 (46%) der Befragten ihre Sorgen mitteilen und 5 (39%) Fachgespräche führen. 2 (15%) der Probanden haben die Fragen nicht beantwortet.

Im Folgenden werden die Objektivität, Reliabilität und Validität der wissenschaftlichen Ergebnisse dargestellt. Durch das persönliche Interesse an der Thematik und die persönlichen Motivationen des Autors entwickelte sich die wissenschaftliche Fragestellung.

Ziel musste es sein, vorurteilsfrei und sachlich zu forschen und die gewonnenen Befunde so nüchtern wie möglich zu verschriftlichen. Angesichts der Thematik besteht immer die Gefahr einer subjektiven und stark emotionalen Darstellung. Deshalb war es wichtig, Befunde und deren Interpretation streng voneinander zu trennen.

Die Validität als Güterkriterium auch für empirische Messverfahren stellt den Grad der Genauigkeit dar, mit dem ein bestimmtes Merkmal gemessen wird. Es stellt sich also die Frage, ob die erhobenen Daten aus der kleinen Probandengruppe auch die zu messende Größe repräsentieren. Hinsichtlich der Stichprobe von 13 Mitarbeitern und der quantitativen Fragestellungen konnte ein hohes Maß an Validität erreicht werden. Für das bezüglich der Fragestellung evaluierte Unternehmen beziehungsweise den Unternehmensteil sind die Ergebnisse damit repräsentativ, für die gesamte Berufsgruppe natürlich nicht. Dazu sind zahlreiche weitere Einzelstudien oder großangelegte Metastudien nötig. Die Reliabilität, also die Zuverlässigkeit, bildet die Verlässlichkeit der Messungen ab. Hier muss geltend gemacht werden, dass die Probanden möglicherweise nicht wahrheitsgemäß beziehungsweise wegen der spezifischen Fragen gehemmt geantwortet haben. Dieser mögliche Messfehler ist aber nicht weiter überprüfbar, muss aber bei der Interpretation der Befunde berücksichtig werden.

Die Befragungskriterien im Messinstrument Fragebogen orientieren sich an den Forschungsfragen und Hypothesen. Die einzelnen Fragen konnten aus diesem Grunde sehr fokussiert gestellt werden.

Die Forschungsergebnisse wären jedoch vielleicht noch anders ausgefallen, wenn der Autor mehr offene Fragen gestellt hätte. Durch die geschlossenen Fragen konnte den Hintergründen der Antworten der Probanden nicht weiter nachgespürt werden. Insofern kann die vorliegende Arbeit nur ein Beginn sein, über die Chancen und Möglichkeiten von Prävention und Intervention sexuellen Missbrauchs von Kindern und Jugendlichen nachzudenken. Wichtig und dringend erforderlich ist die Fortbildung aller sozialpädagogischen Teams. Unerlässlich ist auch der offensive Umgang mit dem Phänomen, also die Überwindung vom Tabus und Denkverboten.

5.4 Zusammenfassung

Die gewonnenen Erkenntnisse aus dem empirischen Forschungsteil decken sich teilweise mit den Rechercheergebnissen aus der aktuellen Forschungsliteratur. Im Folgenden werden die Wichtigsten dargestellt.

Nachdem im ersten Teil der Arbeit theoretische Vorüberlegungen und die Darstellung des Forschungsstandes behandelt wurden, erfolgt nun die Zusammenfassung der Forschungsergebnisse.

Die Ergebnisse der quantitativen Befunde zeigen, dass viele qualifizierte Probanden in den sozialen Bereichen arbeiten, und ein geringer Teil der Befragten einen pädagogischen Berufshintergrund mitbringen. Die Daten haben ergeben, dass knapp ein Drittel der Probanden einen Fachschulabschluss besitzen, dass knapp über einem Drittel einen Fachhochschulabschluss (B.A.) aufweisen und ebenfalls knapp ein Drittel der Probanden einen Hochschulabschluss.

Sechs von Dreizehn der Befragten gaben an, dass sie weniger als 5 Jahre Berufserfahrung haben. Knapp über die Hälfte der Probanden (7) sind Frauen.

Die Thematik „Sexueller Kindesmissbrauch" hat in der Ausbildung von den Probanden von sehr gering bis gar nicht stattgefunden. Angebote des Trägers für eine Weiterbildung/Fortbildung fanden statt, die Beteiligung war aber sehr gering.

Über die Hälfte der Probanden waren bereits im Berufsalltag mit der Thematik „sexueller Kindesmissbrauch" konfrontiert. Weniger als 50% der Befragten hatte noch keine Berührung mit diesem Thema.

Hinsichtlich der Frage nach dem fachlich sicheren Umgang mit sexuellem Missbrauch sind knapp ein Viertel der Probanden sicher damit umgegangen und ebenfalls knapp ein Viertel unsicher. Des Weiteren haben wiederum ein Viertel der Befragten das Problem weitergeleitet und ein Drittel der Probanden ließ die Frage unbeantwortet.

Fast 70% der Teilnehmer kennen bei Verdacht auf sexuellen Kindesmissbrauch den Ablauf oder die Ansprechpartner für solche Angelegenheiten nicht. Nur 31% der Probanden hat Kenntnisse über Ansprechpartner und Prozesse.

Dieses Forschungsergebnis zeigt, dass es besonders hinsichtlich der Abläufe bei der Bearbeitung solcher Vorfälle fachlichen Nachholbedarf gibt.

Die Untersuchungsergebnisse zeigen, dass knapp 70% der Probanden nicht wussten wie die Kommunikation mit den Opfern weitergeführt wird. An dieser Stelle bestätigt das Ergebnis bekannte Forschungen. 31% der Teilnehmer der Befragung gaben an, die weiterführende Kommunikation mit den Opfern zu beherrschen.

Weiterhin konnte ermittelt werden, dass fast alle der Probanden wissen wie sie einen sexuellen Missbrauch erkennen können. Nur ein Proband gab an, dazu nicht in der Lage zu sein. Dieses Ergebnis stimmt mit bisherigen Forschungsergebnissen ebenfalls überein.

Anhand der Auswertung wird deutlich, dass knapp über 50% der Probanden der Meinung sind, dass die mediale Präsenz der Thematik „Sexueller Missbrauch von Kindern" gering ist. 46% der Teilnehmer sind der Meinung, dass der Anteil der Thematisierung in den Medien eher hoch ist.

In der Frage, wie stark die Thematik außerhalb der Medien tabuisiert wird, deuten die Untersuchungsergebnisse darauf hin, dass ca. 70% der Probanden es als hoch tabuisiert betrachten etwa 30% der Befragten als gering.

Wichtig ist hinsichtlich der Thematik natürlich besonders die Fähigkeit des Umgangs des Fachpersonals damit. Professionalisierung in dieser Hinsicht lässt sich auch an der fachlichen Diskussion im Kollegenkreis ablesen. Deshalb war die Frage nach der Thematisierung sexuellen Kindesmissbrauchs im Kollegenkreis wichtig.

Das Ergebnis zeigt, dass über drei Viertel der Probanden die Thematisierung im Kollegenkreis als gering ansehen und knapp ein Viertel es hoch einschätzen. Nur 40% der Probanden gaben an, dass sie Fachgespräche darüber führen.

Eine Erhöhung der Aussagekraft des empirischen Teils der Arbeit wäre möglich gewesen, wenn mehr qualitative Fragen gestellt worden wären. Besonders Haltungen und Motivationen, persönliche Gefühle und Erfahrungen hätten die Ergebnisse präzisiert.

Die Ergebnisse zeigen aber, dass es notwendig ist, dass die Pädagogen intensiver aufgeklärt und sensibilisiert werden, denn dadurch kann eventuell auch die Tabuisierung in der Gesellschaft durchbrochen werden.

6 Fazit

Sexueller Missbrauch ist ein soziales Phänomen, das einen starken Eingriff in die Persönlichkeitsrechte eines Menschen darstellt und lebenslange Folgen haben kann. Besonders Kinder und Jugendliche sind oft nicht in der Lage, die sexuell motivierten Übergriffe Erwachsener abzuwehren und sich ihnen dauerhaft zu entziehen.

Ziel der Untersuchung ist es deshalb, exemplarisch (in der Caritas Rostock) zu untersuchen, wie gut der Kenntnis- bzw. Ausbildungstand hinsichtlich der Thematik ist. Dabei geht es um Erkenntnisse über die Fähigkeiten, sexuell missbrauchte Kinder zu erkennen um dann zu intervenieren. Außerdem sollten die von den Mitarbeitern wahrgenommenen gesellschaftlichen Rahmenbedingungen untersucht werden.

Neben den Folgen sexuellen Missbrauchs und sexueller Gewalt werden die Möglichkeiten von Prävention und Intervention durch die Sozialpädagogen untersucht. Es wird deutlich, dass in der Forschungsliteratur effektive und für die Praxis verwertbare Erkenntnisse angeboten werden. Das betrifft sowohl die Erkenntnisse über die Folgen sexuellen Missbrauchs von Kindern und Jugendlichen als auch mögliche Handlungsroutinen für Sozialpädagogen und andere Professionelle im Umgang mit Opfern.

Auf der Grundlage der Recherchen in der Forschungsliteratur und der eigenen empirischen Forschungserkenntnisse konnte der Autor einerseits den Forschungsstand charakterisieren und andererseits in der Praxis überprüfen, inwiefern Forschungserkenntnisse in einem sozialen Unternehmen angewendet werden und wie der Kenntnisstand zur Thematik bei den Mitarbeitern ist.

Es zeigte sich, dass aufgrund der Tatsache, dass in der sozialpädagogischen Ausbildung sexueller Missbrauch gar nicht oder nur wenig behandelt wird und auch keine Pflicht zur Fortbildung zu dieser Thematik besteht, der Kenntnisstand eher als gering eingeschätzt werden muss. Gezeigt werden konnte aber ebenfalls, dass es dringend notwendig ist, darüber theoretisches Wissen zu haben und Handlungsroutinen zu kennen.

Im Zusammenhang des Umgangs der medialen Öffentlichkeit mit der Thematik besteht eine relativ hohe Sensibilität im gesamtgesellschaftlichen Rahmen. Im privaten Bereich, aber auch in sozialpädagogischen Teams ist der Tabuisierungsgrad wesentlich höher als durch die mediale Präsenz der Thematik zu erwarten wäre.

Die Gründe dafür wurden durch den Autor nicht ermittelt und können nur vermutet werden. Eigene Betroffenheit, Sprachlosigkeit über sexuelle Dinge, fehlender Kenntnisstand könnten die Ursache dafür sein, dass die medialen Meldungen und Betrachtungen nicht bis in die privaten und kollegialen Diskussion „durchschlagen".

Besonders im Bereich der Prävention von sexuellen Übergriffen sind aber ein offener Umgang, weitreichende Kenntnisse über Sexualität und sexuell abweichende Handlungen dringend erforderlich. Ausbildungsunternehmen im sozialpädagogischen Bereich tragen hier eine große Verantwortung. Multiplikatoren sollten verstärkt Fortbildungen zu diesem Arbeitsfeld anbieten. Besonders überall dort, wo mit Kindern und Jugendlichen gearbeitet wird, wären verpflichtende Fortbildungen zu dieser Thematik angebracht. Das kann rein wissenschaftlich geschehen, aber auch in der Auseinandersetzung mit speziellen Kunstwerken, z.B. Spielfilmen.

Im Bereich der Intervention nimmt die Bedeutung von Weiterbildungen ebenfalls stark zu. Auch im Bereich Intervention muss in die Ausbildung investiert werden.

Nach der Entdeckung bzw. schon beim Verdacht von sexuellen Kindesmissbrauch, ist die Professionalität im Umgang damit, besonders mit dem Opfer, von großer Bedeutung. Die Befunde aus der Forschungsliteratur weisen ganz deutlich darauf hin, dass hier präzises Fachwissen gefragt ist. Da es neben dem Hellfeld bisher auch noch ein großes Dunkelfeld beim sexuellen Missbrauch gibt, gilt es zunächst, das Dunkelfeld zu verkleinern und Täter an der Fortsetzung ihrer Handlungen zu hindern. Darüber hinaus muss alles getan werden, die Opfer bei der Überwindung ihrer Traumata zu unterstützen. Beides kann nur durch gut geschulte Fachkräfte, die mit viel Empathie ausgestattet sind, geschehen.

Die auf der Grundlage der Forschungsfragen gewonnen Erkenntnisse ergaben, dass sich die Intervention und Prävention bei Pädagogen beziehungsweise Arbeitnehmern im sozialen Bereich noch sehr unterschiedlich ausgeprägt ist.

In dem von der Autorin untersuchten Bereich werden Angebote von Weiterbildungen wenig wahrgenommen und die Teilnahme daran ist entsprechend gering.

Hinsichtlich der aufgestellten Forschungsfragen kann abschließend auch festgestellt werden, dass die Thematik Prävention und Intervention tiefgründiger in Ausbildungen thematisiert werden müssen und spätestens eine Verpflichtung an einer Weiterbildung im Unternehmen gewährleistet werden muss.

Auch wenn die Probanden spiegelten, dass sie schon bemerken, wenn ein Kind missbraucht wird, ist es fraglich, ob es sich dann um Fachwissen handelt oder es sich eher um ein „Ahnen" handelt. In der Literatur werden klare Merkmale als Indizien für sexuellen Missbrauch genannt, die es im Verdachtsfall zu überprüfen gilt.

Durch die Medienpräsent der Thematik erzeugt das auf den ersten Blick den Eindruck, dass der Umgang in der Gesellschaft offen ist. Die eigene Forschung der Autorin zeigt, dass es aber in der beruflichen Realität nicht so ist. Fachgespräche zur Thematik werden selten bis gar nicht geführt.

Es würden sich weitere Untersuchungen empfehlen, weil der empirische Forschungsteil nur einen sehr kleinen Einblick in ein Unternehmen ist. Deswegen wäre es vorteilhaft in anderen Einrichtungen mit dem gleichen Forschungsansatz zu arbeiten.

Um vertiefende Aussagen über Motive und Einstellungen von Mitarbeitern sozialer Unternehmen zu erlangen müsste die Anzahl qualitativer Fragen erhöht werden. Außerdem könnten Interviews mit Praktikern und Experteninterviews die Aussagekraft der Studien erhöhen.

Literaturverzeichnis

Bange D. (2002): Definitionen und Häufigkeit von sexuellem Missbrauch. In: Körner W., Lenz A. (2004): Sexueller Missbrauch, Band 1: Grundlagen und Konzepte.1.Aufl. Göttingen: Hogrefe-Verlag.

Bange D. (2002): Intervention – die „Regeln der Kunst". In: Bange D., Körner W. (2002): Handwörterbuch Sexueller Missbrauch. Göttingen: Hogrefe Verlag, S. 216.

Bange D. (2011): Eltern von sexuell missbrauchten Kindern, Reaktionen, psychosoziale Folgen und Möglichkeiten der Hilfe. Göttingen: Hogrefe Verlag GmbH und Co. KG.

Bange D., Körner W. (2002): Handwörterbuch Sexueller Missbrauch. Göttingen: Hogrefe Verlag.

Bertschi S., Djafarzadeh P. (2002): Interkulturelle Prävention von sexuellem Missbrauch. Eine horizonterweiternde Herausforderung. München: AMYNA.

Bergmann, C. (2011): "Missbrauch hört nie auf". URL: http://www.taz.de/!82782. (Abruf: 09.07.2019)

Besten B. (1991): Sexueller Mißbrauch und wie man Kinder davor schützt. München: Beck.

Blattmann, S. (ohne Jahr): Prävention bei Mädchen und Jungen im Vor- und Grundschulalter: In: Körner W., Lenz A. (2004): Sexueller Missbrauch, Band 1: Grundlagen und Konzepte.1.Aufl. Göttingen: Hogrefe-Verlag, S. 451-455.

Bortz, J. / Döring, N. (2006): Forschungsmethoden und Evaluation für Human- und Sozialwissenschaftler. 4. überarbeitete Auflage. Heidelberg: Springer Medizin Verlag.

Brockhaus U., Kolshorn M. (1993): Sexuelle Gewalt gegen Mädchen und Jungen. Mythen, Fakten, Theorien. Frankfurt am Main: Campus.

Damrow M.K. (2006): Sexueller Kindesmissbrauch. Eine Studie zu Präventionskonzepten, Resilienz und erfolgreicher Intervention. Weinheim und München: Juventa Verlag.

Deegener G. (1998): Kindesmissbrauch- erkennen, helfen, vorbeugen. 1.Aufl. Weinheim: Beltz.

Deegener G. (2005): Kindesmissbrauch- erkennen, helfen, vorbeugen. 3.Aufl. Weinheim: Beltz.

Deutschlandfunk (07.08.2018): „Frauen sind in der Lage, Mädchen und Jungen zu missbrauchen". URL: https://www.deutschlandfunk.de/kindesmissbrauch-frauen-sind-in-der-lage-maedchen-und.1769.de.html?dram:article_id=424901. (Abruf: 25.03.2019).

Deutschlandfunk (06.03.2019): Sexueller Missbrauch war lange Tabuthema. URL:https://www.deutschlandfunk.de/gewalt-an-kindern-in-der-ddr-sexueller-missbrauch-war-lange.1769.de.html?dram:article_id=442876. (Abruf: 25.03.2019).

EMMA (01.01.2010): Missbrauch: Zu lange ein Tabu!.URL: https://www.emma.de/artikel/sexueller-missbrauch-264637 .(Abruf: 25.03.2019).

Enders U. (2014): Zart war ich, bitter wars, Handbuch gegen sexuellen Missbrauch. 5.Aufl. Köln: Verlag Kiepenheuer und Witsch.

E110 Das Sicherheitsprotal (ohne Jahr): Noch immer ein Tabuthema: Sexueller Missbrauch durch Frauen. URL: https://www.e110.de/sexueller-missbrauch-durch-frauen/. (Abruf: 25.03.2019).

Gahleitner S. (2000): Sexueller Mißbrauch und seine geschlechtsspezifischen Auswirkungen.1.Aufl.Marburg: Tectum Verlag.

Gütekriterien empirischer Forschung (ohne Jahr): [werner stangl]s arbeitsblätter. URL: https://arbeitsblaetter.stangl-taller.at/FORSCHUNGSMETHODEN/Guetekriterien.shtml. (Abruf: 18.06.2019).

Heiliger A. (2000): Täterstrategien und Prävention, Sexueller Mißbrauch an Mädchen innerhalb familialer und familienähnlicher Strukturen.1.Aufl. München: Verlag Frauenoffensive.

Herman J.L. (1994): Die Narben der Gewalt. München: Kindler.

nTV (31.01.2017): Sexuelle Gewalt ist keine „Privatsache". URL:https://www.n-tv.de/panorama/Sexuelle-Gewalt-ist-keine-Privatsache-article19680155.html.(Abruf: 25.03.2019).

Saldern, M. (1992): Qualitative Forschung – quantitative Forschung: Nekrolog auf einen Gegensatz. Empirische Pädagogik, Band 6.

Stangl, W. (2018): Gütekriterien empirischer Forschung. [werner stangl]s arbeitsblätter. URL: http://www.stangl-taller.at/ARBEITSBLAETTER/FORSCHUNGSMETHODEN/Guetekriterien.shtml . (Abruf 09.07.2019).

Statistisches Bundesamt (2017) URL:https://www.destatis.de/DE/Themen/Staat/Justiz-Rechtspflege/Tabellen/erfasste-personen-uhaft.html. (Abruf: 03.04.2019).

Tagesspiegel (ohne Jahr): Skandal um Odenwaldschule wird verfilmt. Einst galt die Odenwaldschule in Hessen als eines der besten Internate Deutschlands. Inzwischen ist bekannt: Mindestens 130 Schüler wurden dort missbraucht. Jetzt greift die Filmbranche den Stoff auf. URL: https://www.tagesspiegel.de/gesellschaft/medien/sexueller-missbrauch-skandal-um-odenwaldschule-wird-verfilmt/5767182.html.(Abruf: 11.03.2019).

TAZ (30.11.2011): Christine Bergmann über sexuelle Gewalt."Missbrauch hört nie auf". URL: http://www.taz.de/!5106491/.(Abruf:18.06.2019).

TAZ (25.02.2019): Ein bitterer Kreislauf. Zwei Studien beschäftigen sich mit dem Missbrauch an der Odenwaldschule. Viele erinnert an die Verbrechen der katholischen Kirche. URL: http://www.taz.de/!5572426/. (Abruf: 11.03.2019).

WELT (11.12.2018): „Sexuelle Gewalt ist immer noch ein Tabuthema". URL: https://www.welt.de/regionales/hamburg/article183718030/Verein-Dunkelziffer-Sexuelle-Gewalt-ist-noch-immer-ein-Tabuthema.html .(Abruf: 25.03.2019).

Wetzels P. (1997): Gewalterfahrungen in der Kindheit. Baden – Baden: Nomos Verlag Gesellschaft.

Jud A. (2015): Sexueller Kindesmissbrauch – Begriffe, Definitionen und Häufigkeiten. In: Fegert, Hofmann U., König E., Niehus J., Liebhardt H. (Hrsg.), Sexueller Missbrauch von Kindern und Jugendlichen: Ein Handbuch zur Prävention und Intervention für Fachkräfte im medizinischen, psychotherapeutischen und pädagogischen Bereich. Berlin, Heidelberg: Springer.

ZEIT ONLINE (ohne Jahr): sexueller Kindesmissbrauch. URL:https://www.zeit.de/thema/sexueller-kindesmissbrauch .(Aufruf:18.06.2019).

Anlagen

Dokumentation von Zeitungsartikel/Magazine die aufzeigen, dass mindestens einmal im Monat das Thema „Sexueller Kindesmissbrauch" thematisiert wird.

Eine Zeitspanne von Januar bis Juni 2019:

Januar 2019:

Süddeutsche Zeitung, 31. Januar 2019

Kindesmissbrauch auf Campingplatz in Lügde - Drängende Fragen an das Jugendamt

https://www.sueddeutsche.de/panorama/kindesmissbrauch-luegde-jugendamt-1.4311367 (Aufruf:18.06.2019)

Februar 2019

Chrismon – Das Evangelische Magazin, 25.02.2019

Organisierter Missbrauch - auch von Vätern und Müttern - Es waren viele Männer – und die Mütter

https://chrismon.evangelisch.de/artikel/2019/43165/organisierter-missbrauch-auch-von-vaetern-und-muettern (Aufruf:18.06.2019)

März 2019

Zeit Magazin, 10. März 2019

Kindesmissbrauch: Das Opfer seiner Mutter

https://www.zeit.de/zeit-magazin/leben/2019-03/kindesmissbrauch-sexuelle-gewalt-mutter-taeterin-tabu (Aufruf:18.06.2019)

April 2019

ZEIT ONLINE, 3. April 2019

Kindesmissbrauch: Reden allein genügt nicht mehr

https://www.zeit.de/gesellschaft/zeitgeschehen/2019-04/kindesmissbrauch-sexuelle-gewalt-kommission-studie-kinderschutz (Aufruf:18.06.2019)

Mai 2019

Frankfurter Allgemeine, 29.05.2019

Wie können Kinder vor Missbrauch geschützt werden?

https://www.faz.net/aktuell/gesellschaft/kriminalitaet/nach-luegde-nrw-kommission-mit-vorschlaegen-zum-schutz-von-kindern-16212860.html (Aufruf:18.06.2019)

Juni 2019

ZEIT ONLINE, 11. Juni 2019

Evangelische Kirche gründet zentrale Anlaufstelle für Missbrauchsopfer

https://www.zeit.de/gesellschaft/zeitgeschehen/2019-06/sexueller-missbrauch-evangelische-kirche-deutschland-ekd-missbrauchsopfer-aufarbeitung (Aufruf:18.06.2019)

Präzisierte Analyse monatlicher Erwähnung des Themas „Sexueller Missbrauch" in ausgewählten Medien – ZEIT ONLINE

Eine Zeitspanne von Januar bis Juni 2019: März bis Juni 2019

Juni 2019

ZEIT ONLINE- sexueller Kindesmissbrauch: 11.Juni 2019

Evangelische Kirche gründet zentrale Anlaufstelle für Missbrauchsopfer

URL: https://www.zeit.de/gesellschaft/zeitgeschehen/2019-06/sexueller-missbrauch-evangelische-kirche-deutschland-ekd-missbrauchsopfer-aufarbeitung (Abruf:08.07.2019)

Mai 2019

ZEIT ONLINE- sexueller Kindesmissbrauch: 18.Mai 2019

Missbrauchsvorwürfe: Der Fall R. Kelly

URL: https://www.zeit.de/kultur/musik/2019-05/missbrauchsvorwuerfe-r-kelly-jim-derogatis-dokumentation-sexueller-kindesmissbrauch (Abruf:08.07.2019)

ZEIT ONLINE- sexueller Kindesmissbrauch: 17. Mai 2019

Lügde: Viele hätten besser hinsehen können

URL: https://www.zeit.de/gesellschaft/zeitgeschehen/2019-05/luegde-sexueller-kindesmissbrauch-campingplatz-jugendamt-polizei-staatsanwaltschaft (Abruf:08.07.2019)

ZEIT ONLINE- sexueller Kindesmissbrauch: 14. Mai 2019

Lügde: Staatsanwaltschaft erhebt Anklage gegen zwei Beschuldigte:

URL: https://www.zeit.de/gesellschaft/zeitgeschehen/2019-05/luegde-sexueller-missbrauchsfall-kindesmissbrauch-ermittlungen-verdaechtige-anklage (Abruf:08.07.2019)

ZEIT ONLINE- sexueller Kindesmissbrauch: 06. Mai 2019

Sexuelle Gewalt Kommission will Missbrauch im Sport aufarbeiten

URL: https://www.zeit.de/sport/2019-05/sexuelle-gewalt-missbrauch-sport-aufarbeitung-kommission (Abruf:08.07.2019)

April 2019

ZEIT ONLINE- sexueller Kindesmissbrauch:29. April 2019

Missbrauch in der Kirche: Die dunkle Seite der sexuellen Befreiung

URL: https://www.zeit.de/2019/18/missbrauch-kirche-kinder-schuld-papst-benedikt-xvi (Abruf:08.07.2019)

ZEIT ONLINE- sexueller Kindesmissbrauch: 16.April 2019

Sexueller Missbrauch:"Ich gehe nur in eine Kirche, die mir passt"

URL: https://www.zeit.de/2019/16/sexueller-missbrauch-telefonseelsorge-katholische-kirche-ehrenamt (Abruf:08.07.2019)

ZEIT ONLINE- sexueller Kindesmissbrauch: 03.April 2019

Kindesmissbrauch: Reden allein genügt nicht mehr

URL: https://www.zeit.de/gesellschaft/zeitgeschehen/2019-04/kindesmissbrauch-sexuelle-gewalt-kommission-studie-kinderschutz (Abruf:08.07.2019)

März 2019

ZEIT ONLINE- sexueller Kindesmissbrauch: 29. März 2019

Vatikan: Papst erlässt Regeln für Schutz von Kindern vor sexuellem Missbrauch

URL: https://www.zeit.de/gesellschaft/2019-03/vatikan-sexueller-kindesmissbrauch-papst-franziskus-schutz-katholische-kirche (Abruf:08.07.2019)

ZEIT ONLINE- sexueller Kindesmissbrauch: 24.März 2019

Julia von Heinz: "Eigentlich sieht man nur einen Rücken"

URL: https://www.zeit.de/kultur/film/2019-03/julia-von-heinz-regisseurin-schwarzwald-tatort (Abruf:08.07.2019)

ZEIT ONLINE- sexueller Kindesmissbrauch:10. März 2019

Kindesmissbrauch: Das Opfer seiner Mutter

URL: https://www.zeit.de/zeit-magazin/leben/2019-03/kindesmissbrauch-sexuelle-gewalt-mutter-taeterin-tabu (Abruf:08.07.2019)

ZEIT ONLINE- sexueller Kindesmissbrauch: 06. März 2019

DDR: "Wir waren der Willkür unserer Erzieher schutzlos ausgeliefert"

URL: https://www.zeit.de/gesellschaft/zeitgeschehen/2019-03/ddr-missbrauch-heime-familie-studie-sexuelle-gewalt (Abruf:08.07.2019)

ZEIT ONLINE- sexueller Kindesmissbrauch: 06. März 2019

Sexueller Missbrauch: Kindesmissbrauch in der DDR stärker tabuisiert als im Westen

URL: https://www.zeit.de/gesellschaft/zeitgeschehen/2019-03/sexueller-kindesmissbrauch-ddr-tabuthema-sozialismus (Abruf:08.07.2019)

ZEIT ONLINE- sexueller Kindesmissbrauch: 04. März 2019

"Leaving Neverland" :Die verlorenen Jungen von Neverland

URL: https://www.zeit.de/kultur/film/2019-03/leaving-neverland-michael-jackson-dokumentation-kindesmissbrauch-vorwurf (Abruf:08.07.2019)